Der praktische Mosaik-Ratgeber

Stricken

Die neue Strickschule mit vielen Anregungen

Mosaik Verlag

Inhalt

Modelle

Abkürzungen

M = Masche
R = Reihe
Rd = Runde
* * = innerhalb dieser Zeichen die Anweisungen fortlaufend wiederholen.

Material und Zubehör

Für die meisten Frauen ist Strikken eine erholsame und gleichzeitig sinnvolle Freizeitbeschäftigung. Soll die Arbeit aber Spaß machen und glücken, muß man einige Materialkenntnisse besitzen. Über die verschiedenen Garn- und Wollqualitäten ebenfalls Bescheid wissen wie über die jeweils dazu passenden Nadeln.

Garne

Meist geben die kleinen, unscheinbaren Banderolen Auskunft über die Zusammensetzung der Faser, über Wasch-und Pflegeanleitungen, über empfohlene Nadelstärken, den Namen der Firma und die Menge.
Die wichtigsten Angaben, die meist mit einem Stempel aufgedruckt sind, werden allerdings allzuoft übersehen: es sind die Nummern der Farbe und der Farbpartie. Wie wichtig diese beiden Zahlen sein können, wissen geübte Strickerinnen aus Erfahrung.
Da Garn und Wolle in den einzelnen Farbenbädern unterschiedlich reagieren – selbst wenn diese Bäder die gleichen Bestandteile aufweisen –, kommen oft kaum merkliche Farbunterschiede dabei heraus. Zwei aufeinanderfolgende Farbbäder ergeben also nicht immer die gleiche Farbnuance, und kein Handarbeitsgeschäft kann versprechen, den gleichen Farbton in vier Wochen noch einmal verkaufen zu können. Es empfiehlt sich also, gleich die entsprechende Menge zu kaufen.

Verschiedene Wollarten

Schafwolle ist die Wolle par excellence. Wenn man das Wort „Wolle“ ohne Zusatz verwendet, ist fast immer Schafwolle gemeint. Sie ist haltbarer als Lammwolle und zweifellos auch die preiswerteste unter allen verschiedenen Wollfasern. Sie ist weich, hält warm und wirkt trotzdem temperaturausgleichend. Meistens ist sie in sehr intensiven Farben eingefärbt.
Lammwolle (lambswool) ist weich und warm, aber nicht sehr haltbar. Sie sollte einen Zusatz von Schafwolle enthalten, damit sie nicht flockt und haltbarer wird. Auch verfilzt sie bei unsachgemäßer Behandlung leicht (nur handwarm waschen!).
Kamelhaarwolle stammt – wie der Name sagt – vom Kamel, das in den Wüsen Asiens, Nordafrikas und in Teilen Rußlands

lebt. Die Wolle wird aus dem feinen Unterhaar des Fells hergestellt. Sie ist federleicht, hält warm und ist daunenweich.

Kaschmirwolle besteht aus den sehr zarten Haaren der in Ostindien und im Himalaja lebenden Kaschmirziege. Sie ist sehr weich, fein und seidig, mollig warm und federleicht.

Mohairwolle wird aus den langlockigen, glänzend weißen Haaren der Angoraziege hergestellt. Sie ist strapazierfähig, hat meist einen feinen Glanz, ist zart und flauschig.

Angorawolle besteht aus den sehr feinen und weichen Haaren des Angorakaninchens, hat lange Fasern und wirkt dadurch sehr flauschig. Sie ist nicht sehr strapazierfähig und läuft beim Waschen oft ein. Angorawolle darf nur handwarm mit wenig Feinwaschmittel gewaschen werden.

Stricksachen aus Angorawolle sind sehr weich, trotzdem darf sie auf keinen Fall für Babywäsche verwendet werden, da die ständig sich ablösenden feinen Härchen für das Baby eine Gefahr darstellen.

Seide bekommt man mit Wolle vermischt oder ganz rein. Aus Seide kann man sehr elegante Sachen arbeiten.

Sie sind sehr leicht und angenehm zu tragen. Schonend Handwaschen bis 30° mit Haarshampoo für trockenes Haar.

Gemischte Garne

Wolle wird aus verschiedenen Gründen mit anderen Fasern gemischt: Sie wird dadurch vielfach preisgünstiger, es lassen sich besondere Effekte erzielen, vor allem aber, wie etwa durch die Nylonbeimischung bei Strumpfgarnen, wird Wolle widerstandsfähiger.

Synthetische Garne

Man ist in den letzten Jahren dazu übergegangen, auch Handstrickgarne aus Orlon, Nylon,

Dralon u.ä. herzustellen. Garne aus synthetischen Fasern bieten viele Vorteile: Aus Orlon gestrickte Babykleidung etwa läßt sich kochen und in der Maschine waschen, ohne daß dabei die wollartige Beschaffenheit und die Widerstandsfähigkeit der Fasern verlorenginge.
Lurexgarn ist ein modisches, metallglänzendes Effektgarn mit „Metallseele" und einem Überzug aus Acetat. Es ist sehr hitzeempfindlich.

Baumwollgarne

Baumwollgarn ist – wie der Name schon sagt – ein aus Baumwolle gesponnenes Garn. Den Rohstoff liefern die weißen Samenfasern einer malvenähnlichen subtropischen Staudenpflanze. Handstrickgarne aus Baumwolle bieten den Vorteil, daß man sie kochen kann, wenn sie indanthren gefärbt sind.

Stricknadeln

Stricknadeln müssen leicht und glatt sein. Aus nichtrostendem Material sind sie ebenso gut wie aus Plastik.
Wählen Sie genau die Nadeln, die für eine bestimmte Strickarbeit vorgesehen sind (die jeweils erforderliche Nadelstärke ist bei allen Arbeitsanleitungen angegeben).
Wenn Sie ohne Vorlage arbeiten, erkundigen Sie sich beim Kauf der Wolle, welche Stärke die richtige ist.

Material und Zubehör zum Stricken
1. Strickwolle in verschiedenen Farben und Qualitäten; 2. Nadelspiel; 3. Maschenraffer; 4. Holzstricknadeln; 5. Schnellstricknadeln; 6. Wollnähnadeln; 7. Zopfmusternadeln; 8. Rundstricknadel; 9. Schere; 10. Maschenzähler

Es gibt Nadeln aus verschiedenen Materialien. Sie können wählen zwischen Aluminium, Plastik und Holz. Die Größe gibt den Durchmesser in Millimetern an; die feinsten sind 1,25 mm stark, die dicksten 15 mm. Je größer also die Zahl, desto dicker die Nadel.
Die Stärke und Länge sollten immer im richtigen Verhältnis zum Garn und zum Strickstück stehen.

Schnellstricknadeln haben eine Länge von 30 oder 35 cm, sind aus Aluminium und perlgrau beschichtet. Sie haben vorne eine abgerundete Spitze, verdicken sich dann bis zur angegebenen Stärke und verjüngen sich nach hinten. Am Ende der Nadel sitzt ein farbiger Plastikknopf, auf dem die Stärke der Nadel abzulesen ist. Da diese Nadeln relativ kurz sind, sollten Sie auch nur schmale Teile darauf stricken.
Für große Teile wählen Sie besser flexible Schnellstricknadeln. Sie sind in 50 cm Länge zu kaufen und haben eine perlgraue Spitze mit einem flexiblen Perlonschaft.
Das Gewicht des Stückes belastet nicht die Arme, denn es liegt locker auf dem Schoß.

Plastiknadeln sind besonders geeignet für dicke Garne, Bänder oder Schnüre.

Verschiedene Nadelstärken in mm

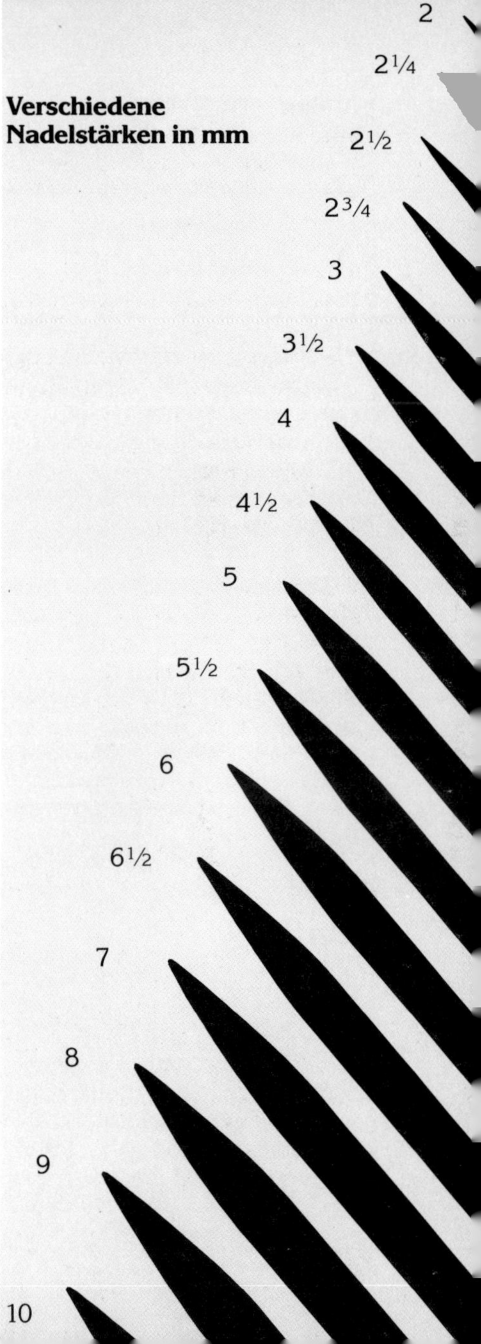

Rundstricknadeln bestehen aus zwei Aluminium- oder Nickelspitzen, die durch ein elastisches Nylon- oder Perlonseil verbunden sind. Sie brauchen Rundstricknadeln zum Stricken von Mützen, Röcken und auch Pullovern, die keine Naht haben sollen.
Sie können natürlich auch gerade Teile mit einer Rundstricknadel stricken.
Sie haben den Vorteil, daß Ihnen die Arbeit immer locker an der elastischen Schnur im Schoß liegt.

Nadelspiel. Es besteht immer aus fünf Nadeln. Die Nadeln haben an beiden Enden eine Spitze.
Sie brauchen ein Nadelspiel zum Stricken von Strümpfen (deshalb werden die fünf Nadeln auch oft Strumpfstricknadeln genannt), Handschuhen und Mützen.

Was Sie noch brauchen

Der Maschenraffer ist eine sehr große Sicherheitsnadel aus federndem Metall. Er nimmt vorübergehend stillgelegte Maschen auf. Es gibt den Maschenraffer nur in einer Stärke.

Der Reihen- und Maschenzähler. Man schiebt ihn einfach auf die Stricknadel und betätigt ihn mit den Fingerspitzen. Reihe für Reihe und Masche für Masche. Die Zehnerstellen rücken meistens automatisch weiter. Der Maschenzähler erspart Ihnen das langwierige Zählen und die ärgerlichen Fehler.

Die Wollnadel. Eine Nähnadel, die speziell für das Zusammennähen von Strickteilen gedacht ist.
Sie hat eine stark abgerundete Spitze und ein großes Öhr.

Maschenanschlag

Jede Strickarbeit fängt mit dem Aufnehmen an. Am beliebtesten ist der **Kreuzanschlag.** Messen Sie ein Fadenende ab nach der **Faustregel:** Bei normalen Woll- und Nadelstärken (2–4) für jede Anschlagmasche (Anzahl ergibt sich aus der Anleitung) 1 cm. Für stärkere Wolle und Nadeln 2 cm. Dazu kommen noch einmal 20 cm. Schlagen Sie bei normalen Wollstärken mit 2 Nadeln an. Beendet wird jedes Strickteil durch Abketten.

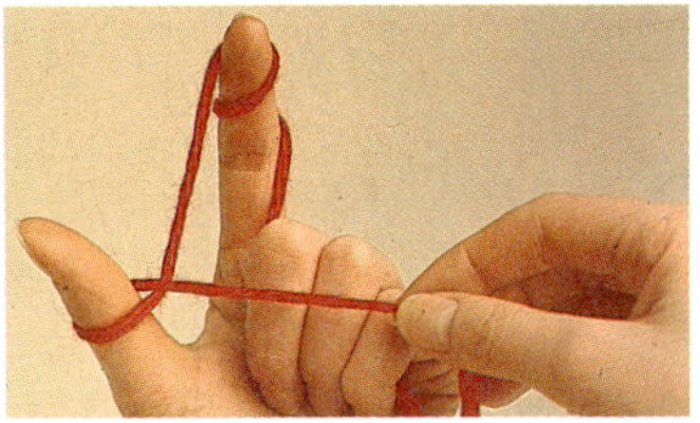

Abgemessenes Fadenende um den Zeigefinger der linken Hand wickeln und einmal um den Daumen legen.

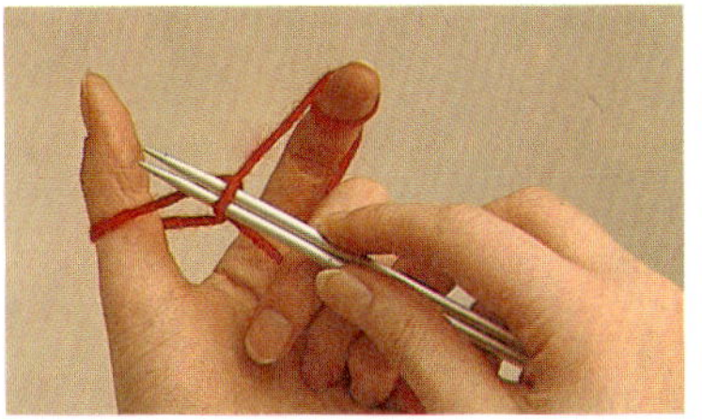

Faden durch Daumenschlinge ziehen. Schlinge vom Daumen gleiten lassen, erneut Fadenende fassen.

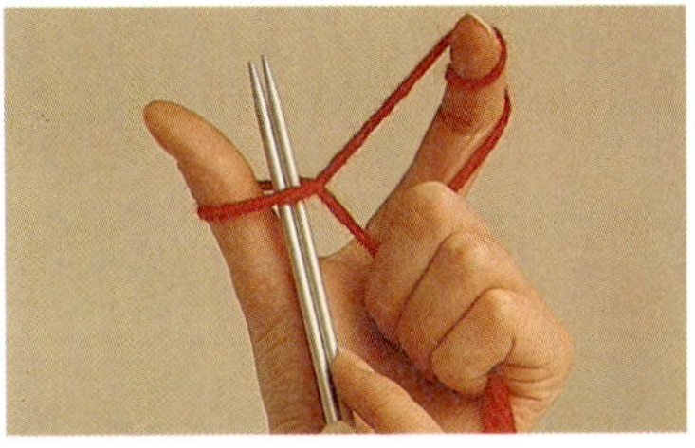

Beide Fäden in der Handfläche festhalten und von unten nach oben durch die Daumenschlinge stechen.

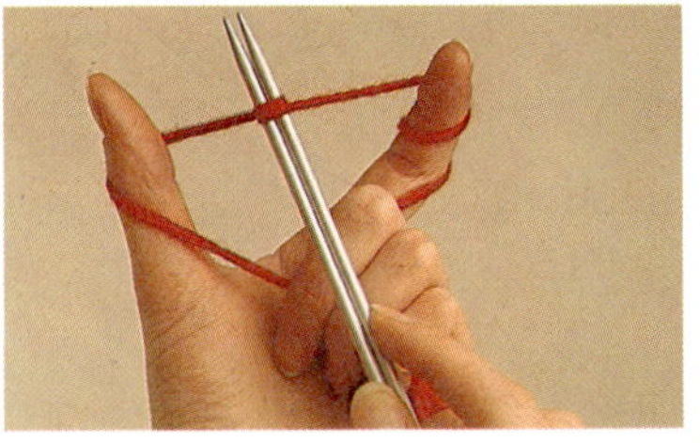

Dabei wird die erste Masche fest angezogen. Die Daumenschlinge wird zu einem elastischen Knoten.

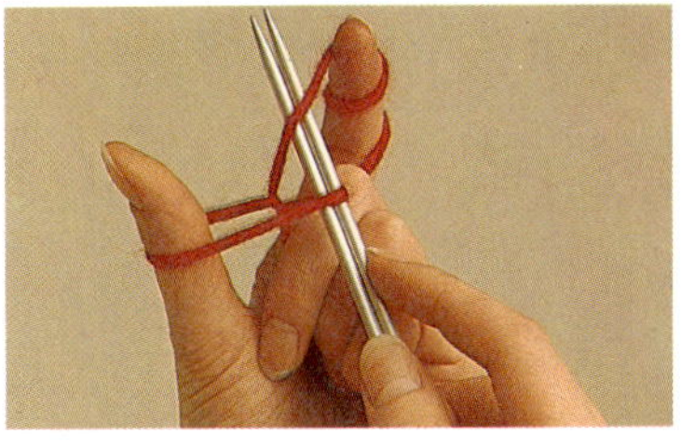

Den vom Zeigefinger kommenden Faden mit den Stricknadeln von rechts unten nach links oben fassen.

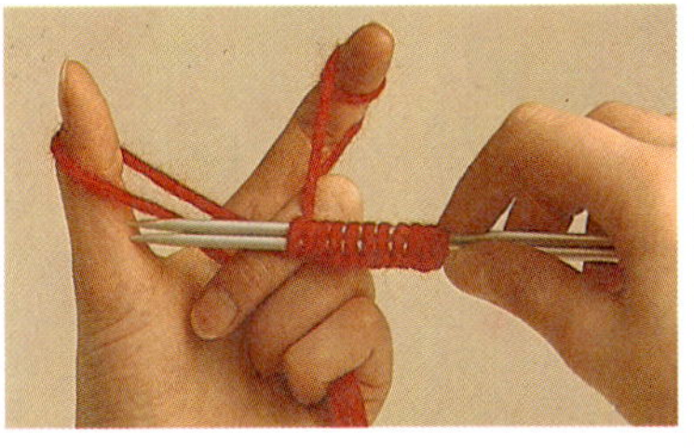

Den Vorgang ab Bild 2 laufend wiederholen. Alle weiteren Maschen genau in der gleichen Weise aufnehmen.

Socken, Socken, Socken

Sechzehn verschiedene Socken sind hier für Sie aufgereiht, mal uni, mal bunt geringelt. Ein Sokkenpaar wiegt etwa 75 Gramm. Aus den Resten der einfarbigen können Sie sich also auch noch bunte Socken anfertigen oder weitere Reste verwenden. Die Ringel sollen darum nur Anregung sein. Sie können die Farbstreifen auch noch nachträglich im Maschenstich besticken. Für das Kästchenmuster muß der Farbstreifen 4 Runden hoch sein. Besticken Sie immer 2 Maschen in der Breite und Höhe in der einen Farbe und versetzt darüber in der anderen Farbe. Das Zickzackmuster wird auf einen 6 Runden hohen Streifen gestickt. Beginnen Sie mit 1 Masche in der 1. Runde und stikken Sie immer 1 Masche versetzt bis zur 6. Runde, dann wieder zurück. Für das Dreieckmuster besticken Sie in der 1. Runde jede Masche, in der nächsten Runde je 3 Maschen und übergehen 1 Masche; über die 3 Maschen dann jeweils noch 1 Masche stikken.

Für das Blümchenmuster geben wir eine Zeichnung.
Jedes Kreuz = 1 Maschenstich, leere Kästchen = Maschen-

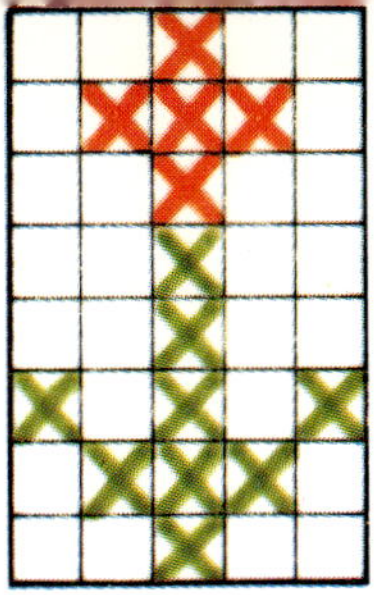

grund; je Motiv 3 unbestickte Maschen.

Größe
38/39

Material
Schachenmayr-Wolle, Qualiät Nomotta Regia 4fach. 75% Schurwolle, 25% Polyamid, 100 g je Paar. Je 1 Spiel Strumpfstricknadeln Nr. 2½ und 3.

Abkürzungen
M = Masche, Rd = Runde.

Grundmuster
Glatt rechts = in Rd rechte M.

Bündchenmuster
Abwechselnd 1 M rechts, 1 M links.

Maschenprobe
30 M und 40 Rd = 10 cm im Quadrat.

Arbeitsanleitung

64 M mit Nadeln Nr. 2½ anschlagen, im Bündchenmuster = 16 M je Nadel stricken. Ab 8 cm Höhe mit Nadeln Nr. 3 im Grundmuster 7 cm stricken, dann die M der 2. und 3. Nadel ruhenlassen und mit den M der 1. und 4. Nadel = 32 M die Ferse glatt rechts mit Kettrandm 6 cm = 24 R geradeaus stricken. Dann für das dreiteilige Käppchen die M in 3 Teile teilen = Mitte 12 M, Seiten je 10 M. Nun das 1. Drittel ganz, das 2. Drittel bis auf die letzte M rechts abstrikken. Diese M mit der 1. M des letzten Drittels rechts verschränkt zusammenstricken, 1 M nachstricken, wenden, die 1. M abheben, links weiterstricken und die letzte M der Mitte mit der 1. M des 1. Drittels links zusammenstrikken, 1 M nachstricken, wenden, die 1. M abheben. Weiter jeweils die letzte M der Mitte mit der 1. M der Seite wie beschrieben zusammenstricken, bis die M der Seiten aufgebraucht sind. Zu den restlichen 22 Käppchen-M aus den Randm der Ferse je 12 M aufnehmen = 78 M und in Rd arbeiten, dabei in der 1. Rd die neu aufgefaßten M rechts verschränkt, später rechts stricken. In der folgenden Rd mit den Spickelabnahmen beginnen. Dafür die zweit- und drittletzte M der 1. Nadel rechts, die 2. und 3. M der 4. Nadel rechts verschränkt zusammenstricken. Diese Abnahmen in jeder 3. Rd noch 6 x wiederholen. Mit den restlichen 64 M etwa 20 cm (einschließlich Ferse) geradeaus arbeiten, dann in Höhe des kleinen Zehs beginnend für die Spitze in jeder 2. Rd 6 x, in jeder Rd 8 x die zweit- und drittletzte M der 1. und 3. Nadel rechts, die 2. und 3. M der 2. und 4. Nadel rechts verschränkt zusammenstricken. Die restlichen 8 M im M-Stich verbinden.

– Pulli mit eingestrickten Gänsen –

Größe
122/128

Material
Staufen Wolle, Qualität flamingo, 150 g in Hellblau Nr. 209, je 50 g bzw. kleinere Reste in Weiß Nr. 901, Grün Nr. 208 und Pink Nr. 250.
Je 1 Paar PERL-INOX-Tric-Schnellstricknadeln Nr. 3 und 3½. 1 Spiel PERL-INOX-Strumpfstricknadeln Nr. 3.

Bündchenmuster
Abwechselnd 1 M rechts, 1 M links.

Grundmuster
Glatt rechts = Hinr rechte M, Rückr linke M.

Einstrickmuster
s. Schemazeichnung.

Maschenprobe
22 M und 30 R = 10 x 10 cm.

Arbeitsanleitung

Rücken
80 M mit Nadeln Nr. 3 anschlagen und im Bündchenmuster 3 cm stricken, mit Nadeln Nr. 3½ weiter im Grundmuster 42 cm stricken, M abketten.

Vorderteil
Wie Rücken, jedoch nach 6 R ab Bund mit dem Einstrickmuster nach Schemazeichnung beginnen. Nach 35 cm ab Anschlag für den Halsausschnitt die mittleren 10 M abketten und beidseitig davon 1 x 4, 2 x 2 und 2 x 1 M abketten. Nach 42 cm ab Anschlag für die Schultern jeweils die restlichen 25 M abketten.

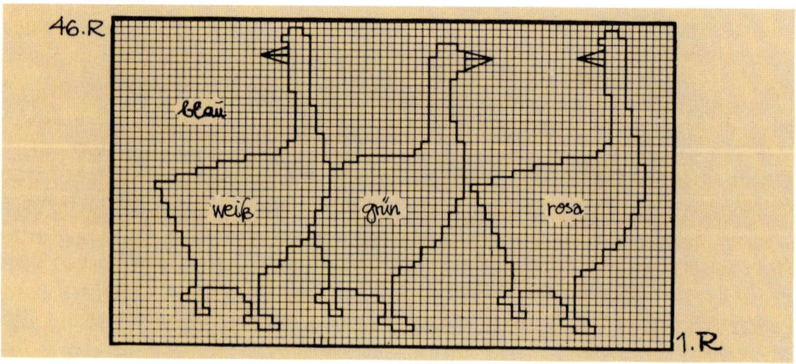

Ärmel

34 M mit Nadeln Nr. 3 anschlagen und im Bündchenmuster 5 cm stricken, mit Nadeln Nr. 3½ weiter im Grundmuster, dabei in der 1. R verteilt 16 M zunehmen, dann beidseitig 5 x 1 M jede 6. R und nach 36 R ab Bund noch 6 x 2 und 1 x 3 M jede 2. R zunehmen. Nach ca. 22 cm ab Anschlag alle M abketten.

Fertigstellung

Nach Abbildung den Gänsen Schnäbel in der entsprechenden Farbe aufsticken, Schulternähte schließen, Ärmel einsetzen, Ärmel- und Seitennähte schließen. Aus dem Halsausschnitt mit Nadelspiel 80 M aufnehmen und im Bündchenmuster 8 Rd stricken, M im M-Rhythmus abketten.

Die Grundmaschen sind schnell begriffen

Es gibt beim Stricken nur wenige Maschenarten: die rechte oder glatte Masche und die linke oder verkehrte Masche. Wer sie kennt, wird auch mit trickreicheren Arbeiten fertig.

Rechte Masche

Faden liegt **hinter** der Arbeit. Die rechte Nadel sticht in die Masche der linken Nadel von vorn nach hinten.

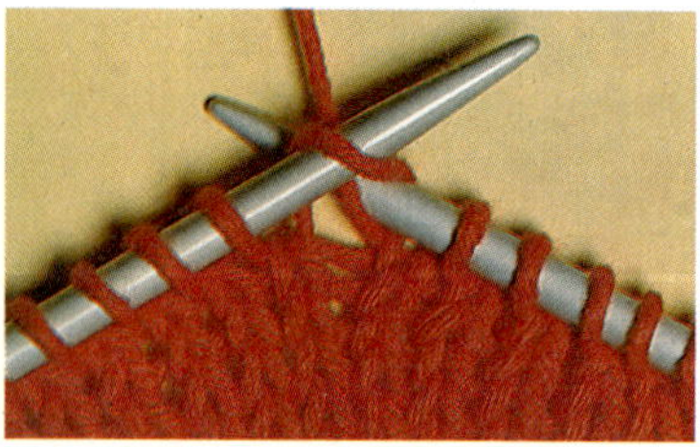

Den Arbeitsfaden mit der rechten Nadel von rechts nach links fassen.

Faden durch die Masche ziehen und diese abgestrickte Masche von der Nadel gleiten lassen.

Linke Masche

Die linke Masche ist genauso wichtig wie die rechte. Für Muster ist sie sowieso unentbehrlich.

Der Faden liegt **vor** der Arbeit. Mit der rechten Nadel in die

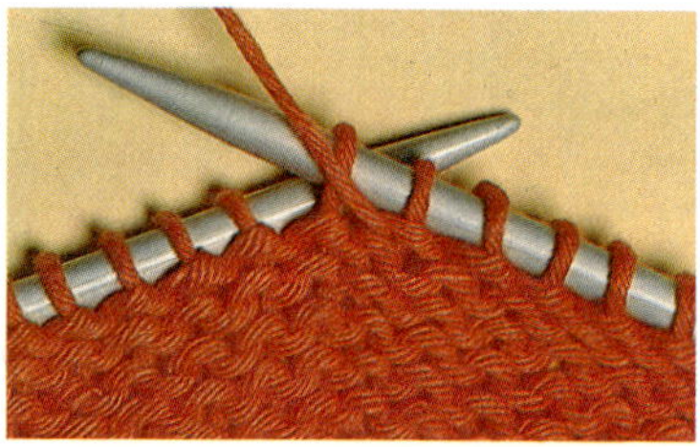

Masche der linken Nadel von rechts nach links vorn einstechen.

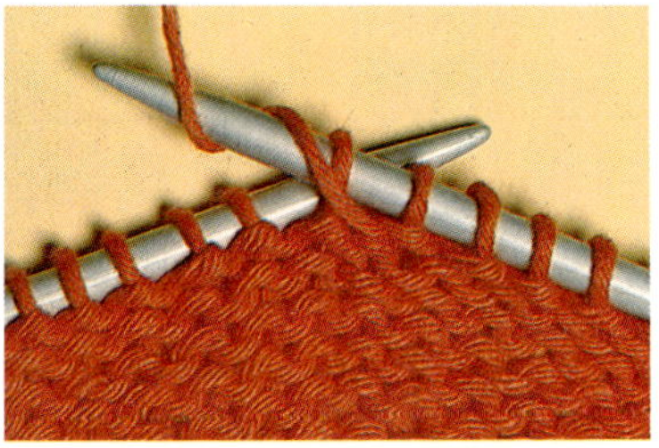

Den Arbeitsfaden einmal um die rechte Nadel schlingen und durch die Masche nach hinten durchziehen.

Die abgestrickte Masche von der Nadel gleiten lassen. Nun ist die linke Masche fertig.

Zunehmen, Abnehmen

Randmaschen

Die Kettrandmasche arbeiten Sie an allen Außenrändern, z.B. Jacken und Schals.
Die Knötchenrandmasche ist besonders für die Ränder an allen Nahtseiten geeignet.
Einiges Wissenswerte über das Zu- bzw. Abnehmen an Rändern erfahren Sie. u.a. auch auf den Seiten 22–25.

Kettrandmasche: Heben Sie am Ende jeder Reihe die letzte Masche ab. Der Faden liegt in dieser Phase hinter der Arbeit.

Kettrandmasche: Für die Kettrandmasche müssen Sie am Anfang jeder Reihe die erste M normal rechts abstricken.

Knötchenrandmasche: Für diese Randmasche müssen Sie am Anfang jeder Reihe die erste M normal rechts abstricken.

Für die Knötchenrandmasche müssen Sie am Ende jeder Reihe die letzte Masche ebenfalls normal rechts abstricken.

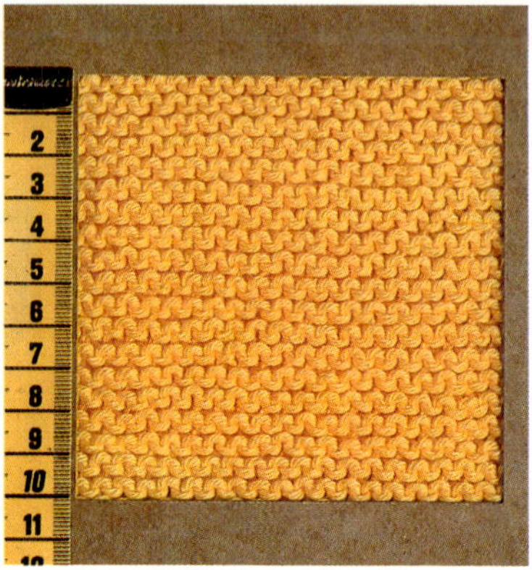

Maschenprobe

Stricken Sie ein Probestück, das mindestens 10 cm hoch und 10 cm breit sein muß. Fertigen Sie sich dann eine Schablone aus starkem Papier in der Größe von 10 x 10 cm an, die Sie immer wieder verwenden können. Wenn Sie nun die Schablone auf Ihr Probestück legen (s. Foto), können Sie die Maschen und Reihen abzählen.

Dann vergleichen Sie Ihre Zahlen mit denen der Beschreibung. Hat Ihr Probestück weniger Maschen und Reihen, müssen Sie fester stricken oder ½ bis 1 Stärke dünnere Nadeln nehmen. Wenn Sie mehr Maschen und Reihen haben, müssen Sie lockrer stricken oder dickere Nadeln verwenden. Die Strickanleitungen der Modelle passen auf alle Garne, deren Maschenproben übereinstimmen.

Abketten

Mit dem Abketten wird ein Strickstück beendet.
Das Abketten sollte möglichst lose und elastisch geschehen, damit der abgeschlossene Rand noch dehnbar bleibt. Für das Abketten gibt es zwei Methoden: durch Überziehen oder durch Zusammenstricken.

Das Abketten durch Überziehen ist am gebräuchlichsten.

Abketten durch Überziehen

Die erste und zweite Masche der letzten Reihe Ihres Strickteils entsprechend dem Muster stricken.

Mit der linken Nadel von links nach rechts in die erste Masche einstechen, diese über die zweite ziehen.

Aus 2 Maschen ist 1 Masche geworden. Nun die 3. Masche stricken, die 2. darüberziehen, usw.

Abketten durch Zusammenstricken

Mit der rechten Nadel in 2 Maschen der linken Nadel hinten von rechts nach links einstechen.

Den Arbeitsfaden zur Schlinge holen.
Durch die Maschen nach vorn durchziehen.

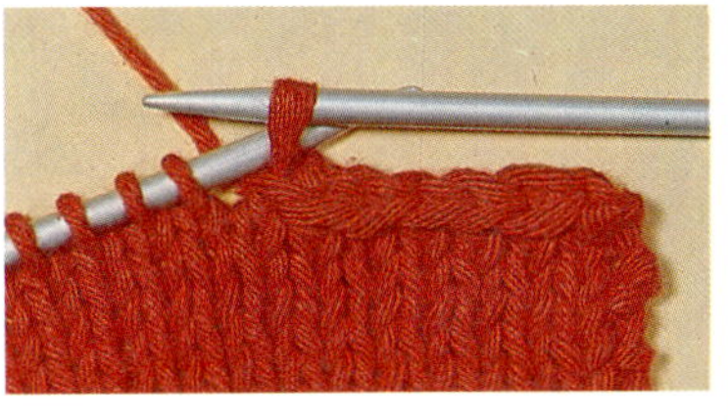

Beide Maschen von der Nadel nehmen.
Die neue Masche auf die linke Nadel zurücksetzen.

Damen-Westchen

Größe 36

Material
Wagenfelder Wolle, Qualität Chenille, 250 g in Blau Nr. 479. 1 Paar Stricknadeln Nr. 4 und eine Häkelnadel Nr. 4½. 3 Knöpfe.

Grundmuster
1. R (Rückr): Randm * 1 M links, 1 M rechts * 1 M links, Randm.
2. R (Hinr) und 3. R: M stricken, wie sie erscheinen. **4. R:** rechte M. **5. R:** Randm * 1 M rechts, 1 M links * 1 M rechts, Randm. **6. und 7. R:** M stricken, wie sie erscheinen. **8. R:** rechte M.
1.–8. R laufend wiederholen.

Arbeitsanleitung
Die Weste wird bis zum Armausschnittbeginn in einem Stück gestrickt. 117 M mit Stricknadeln Nr. 4 anschlagen, im Grundmuster stricken, dabei beidseitig in jeder 2. R 1 x 2 und 3 x 1 M zunehmen, geradeaus stricken. Für die Armausschnitte in 28 cm Höhe beidseitig je 32 M stillegen und über die mittleren 63 M den Rükken arbeiten. Dabei für die Armausschnitte beidseitig in jeder 2. R 1 x 3, 1 x 2, 1 x 1 M abnehmen. Für die Schulterschrägung ab 50 cm Höhe beidseitig in jeder 2. R 2 x 6 M abketten. Die restlichen M in 1 R abnehmen.

Linkes Vorderteil
Die stillgelegten M aufnehmen, den Armausschnitt und die Schulter wie beim Rücken arbeiten. Am vorderen Rand in 28 cm Höhe zum erstenmal, in jeder 4. R noch 12 x 1 M abnehmen.

Rechtes Vorderteil
Gegengleich arbeiten.

Tasche
11 M anschlagen, im Grundmuster stricken, dabei in jeder 2. R 2 x 1 M zunehmen, nach 10 cm alle M abketten.

Fertigstellung
Teile spannen, anfeuchten und trocknen lassen. Schulternähte schließen. Mit der Häkelnadel alle Kanten mit 1 Rd feste Maschen, 1 Rd Krebsstich umranden. Für die Knopflöcher am rechten Vorderteil 6 cm ab unterer Kante 2 Luftm, dann 2 x 13 feste M, 2 Luftm häkeln. In der 2. Rd diese Luftm mit Krebsstich behäkeln. Tasche aufnähen, Knöpfe annähen.

Wichtig!
Stricken Sie bitte die Qualität „Wagenfelder Chenille" auf keinen Fall glatt rechts oder glatt links, weil sich bei dieser Strickart das Strickbild verzieht!

Zunehmen

Zunehmen heißt, die Zahl der Maschen vergrößern, um das Strickstück an bestimmten Stellen zu formen. Dafür gibt es verschiedene Methoden:

Zunehmen durch Aufstricken

Ob Sie nur eine oder mehrere Maschen aufstricken – die Methode bleibt dabei die gleiche.

Auf der linken Nadel eine Knotenschlinge bilden. Mit der rechten Nadel von vorn links nach hinten rechts in die Schlinge einstechen.

Den Faden einmal um die Nadel schlagen und die Schlinge zur neuen Masche durchholen.

Mit der linken Nadel den vorderen Maschendraht der Schlinge von rechts nach links aufnehmen.

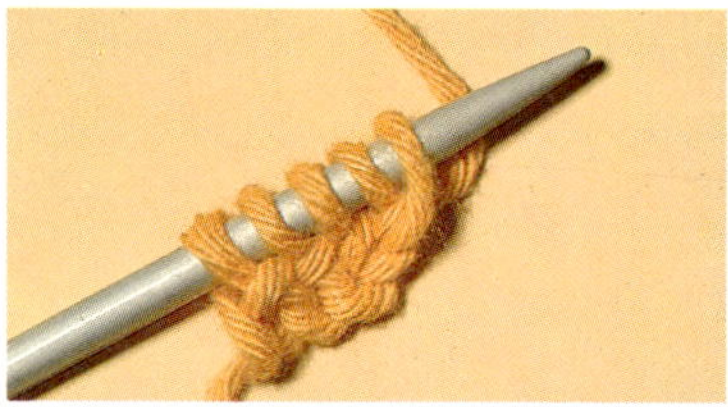

Die Schlinge der übernommenen Masche nicht zu fest anziehen.

Für jede weitere M wieder den Faden zur Schlinge holen, mit der linken Nadel übernehmen.

Das sind durch Aufstricken zugenommene Maschen am Außenrand eines Strickteiles.

Zunehmen durch Hochziehen

Rechte Masche: Den eine Reihe tiefer liegenden Maschenkopf mit der rechten Nadel aufnehmen, auf die linke Nadel setzen, rechts abstricken.

Es wurde eine Masche aus der Vorreihe zugenommen. Anschließend die noch auf der Nadel befindliche Masche rechts abstricken.

Linke Masche: Den eine Reihe tiefer querliegenden Maschenkopf mit der rechter Nadel aufnehmen, auf linke setzen, links abstricken.

Es wurde eine Masche aus der Vorreihe zugenommen. Anschließend die noch auf der Nadel befindliche Masche links abstricken.

Zunehmen aus dem Querdraht

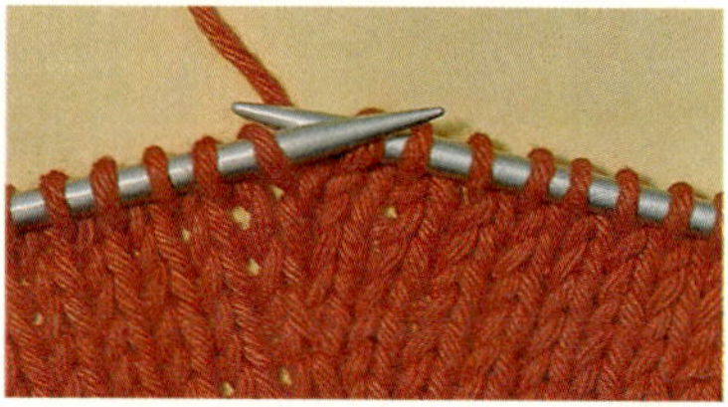

Mit der linken Nadel unter dem querliegenden Maschendraht von vorn nach hinten durchstechen. Faden bleibt auf der Nadel.

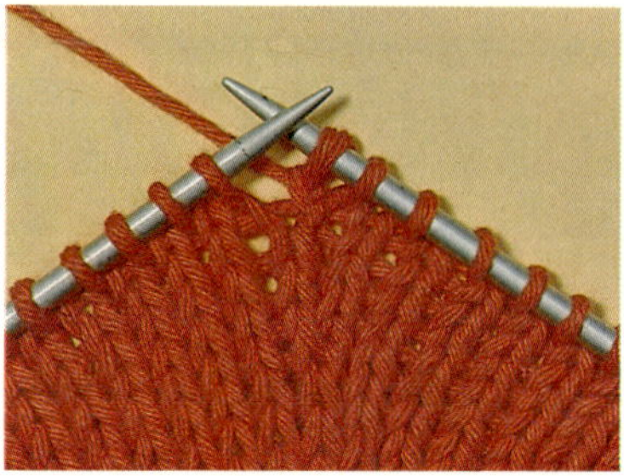

Den aufgenommenen Maschendraht dem Muster entsprechend rechts verschränkt oder links verschränkt abstricken.

Abnehmen

Um Ihrer Strickarbeit die gewünschte Form zu geben, sind entsprechende Abnahmen unerläßlich. Die zwei grundlegenden Arbeitsweisen werden anschließend erklärt:

Abnahmen an Rändern oder innerhalb der Arbeit: 2 Maschen rechts überzogen zusammenstricken.
Abnahmen in Rückreihen oder im Linksgestrick: jeweils 2 Maschen links zusammenstricken.

2 Maschen rechts überzogen zusammenstricken: 1 Masche wie zum Rechtsstricken mit der rechten Nadel abheben, Faden liegt hinter der Arbeit.

Die folgende Masche rechts stricken, dann mit der linken Nadel in die abgehobene Masche vorn von links nach rechts einstechen.

Die abgehobene Masche mit der linken Nadel über die gestrickte Masche ziehen und von der linken Nadel gleiten lassen.

2 Maschen links zusammenstricken: In 2 Maschen vorn von rechts nach links einstechen, Faden zur Schlinge holen, durch beide Maschen ziehen.

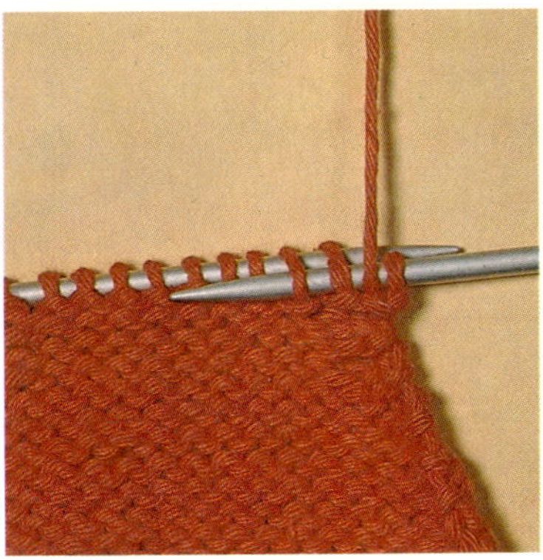

Schicker Herrenpullover

Größen 48–52

Material
Stahl'sche Wolle, Qualität Camping 4fach, 100% Schurwolle, 300 g in Tanne Nr. 2272, 250 g in Dschungel Nr. 2283, 200 g in Lagune Nr. 2291, 100 g in Pinie Nr. 2292. Je 1 Paar PERL-INOX-Tric-Schnellstricknadeln Nr. 3½ und 4.

Bündchenmuster
Mit Nadeln Nr. 3½ in Tanne 2 M rechts, 2 M links im Wechsel stricken.

Grundmuster
Mit Nadeln Nr. 4 glatt rechts = Hinr rechts, Rückr links stricken.

Farbfolge
* 23 R in Dschungel, 1 R in Pinie, 23 R in Lagune, 1 R in Pinie, 23 R in Tanne, 1 R in Pinie, ab * fortlaufend wiederholen.

Maschenprobe
21 M und 27 R = 10 x 10 cm.

Arbeitsanleitung

Rücken
102 M anschlagen und 7 cm im Bündchenmuster stricken. Weiter im Grundmuster, dabei in 1. R verteilt 12 M zunehmen = 114 M. Nach Farbfolge stricken. Für die Armausschnitte nach 39 cm = 106 R ab Bund beidseitig in jeder 2. R 1 x 3 M, 3 x 2 M, 3 x 1 M abketten = 90 M und nach 21 cm = 56 R ab Armausschnittbeginn für die Schulterschrägungen in jeder 2. R beiderseits 3 x 9 M abketten; restliche 36 M abketten.

Vorderteil
Wie Rückenteil arbeiten, jedoch für den Halsausschnitt nach 56 cm = 150 R ab Bund die mittleren 8 M abketten, getrennt weiterstricken und am Halsrand in jeder 2. R noch 2 x 3 M, 3 x 2 M, 2 x 1 M abketten.

Ärmel
54 M anschlagen und 7 cm im Bündchenmuster stricken. Weiter im Grundmuster, dabei die mittleren 6 M abketten und beidseitig davon je 3 M verteilt zunehmen = je 27 M und getrennt weiterstricken. Für die seitlichen Schrägungen an den äußeren Rändern 11 x in jeder 8. R 1 M zunehmen = je 38 M. Nach 39 cm = 106 R ab Bündchenmuster für die Armkugel an den Außenrändern in jeder 2. R 1 x 3 M, 3 x 2 M,

10 x 1 M, 6 x 2 M abnehmen, restliche 7 M abketten.
Den zweiten Ärmel ebenso stricken.

Fertigstellung

Teile spannen, anfeuchten und trocknen lassen. Für die Ärmel- und Schulterblende in Tanne 148 M anschlagen und 12 R im Bündchenmuster stricken. M abketten. Zweite Blende ebenso stricken. Die Blenden zwischen die Ärmel- und Schulterteile nähen, und zwar so, daß die Blende am Halsrand 3 cm übersteht. Für die rückwärtige Halsblende 36 M in Tanne, für die vordere Halsblende 56 M in Tanne anschlagen und je 3 cm im Bündchenmuster stricken. Die M der letzten R mit Steppstichen auf die Halsränder nähen und die überstehenden Schulterblenden dazwischennähen. Ärmel einnähen, Seiten- und Ärmelnähte schließen.
Die Mitte von Rücken- und Vorderteil markieren, beiderseits davon die 10. M und jede weitere 20. M bezeichnen und die bezeichnete M im Maschenstich in Pinie vom Bund bis zum Abkettrand besticken. Bei den Ärmeln von der Blende aus ebenso verfahren.

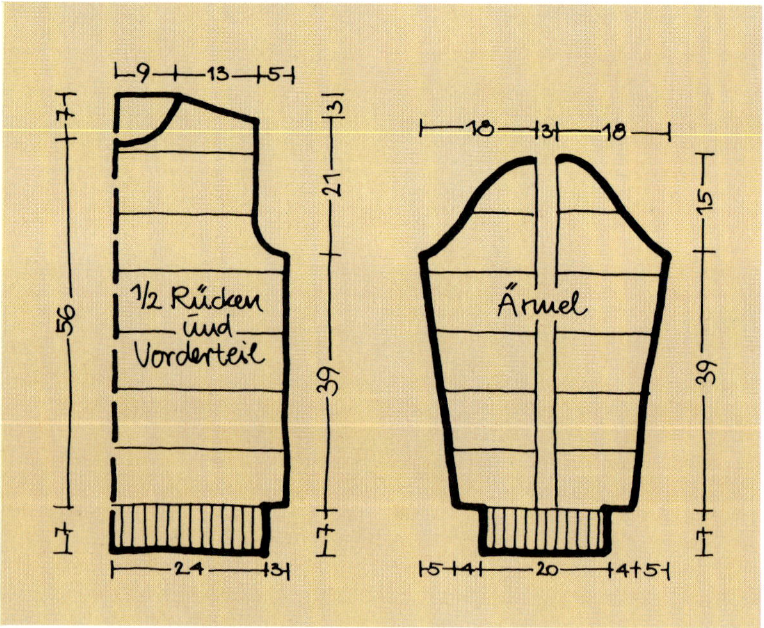

– Gestrickter Mausezähnchenrand –

Zuerst 5 Reihen glatt rechts strikken. In der 6. Reihe nach der Randmasche immer abwechselnd einen Umschlag arbeiten und 2 Maschen rechts zusammenstricken.

Für den doppelten Saum vom Anschlag Masche für Masche mit einer dünneren Nadel aufnehmen.

In der folgenden Rückreihe die Maschen und Umschläge alle links abstricken. Zum Ausgleich der Reihenhöhe anschließend noch 4 Reihen glatt rechts strikken.

Die Nadeln nebeneinanderlegen und immer 2 Maschen (von jeder Nadel 1 Masche) zusammenstricken.

Verschränkte Maschen

Auch bei den verschränkten (verdrehten) Maschen unterscheidet man rechte und linke Maschen. Sie sind vor allem wichtig, wenn es an das Stricken von Mustern (z. B. bei Pullovern) geht.

Rechts verschränkte Masche
Mit der rechten Nadel in die Masche der linken Nadel hinten von rechts nach links einstechen.

Den Arbeitsfaden von rechts nach links fassen. Die Schlinge nach vorn durchziehen.

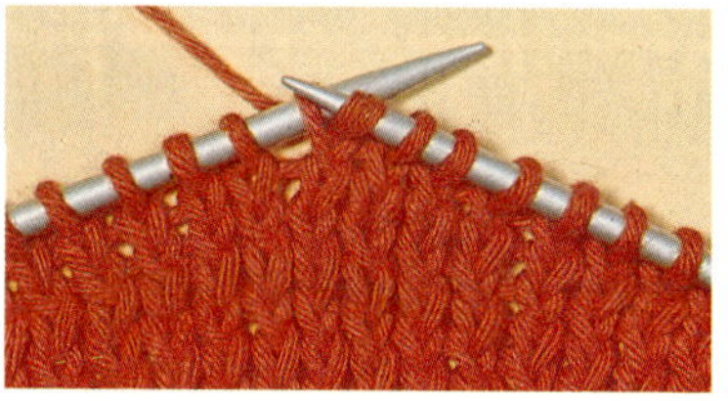

Die abgestrickte Masche von der linken Nadel gleiten lassen. Die Masche wirkt verdreht.

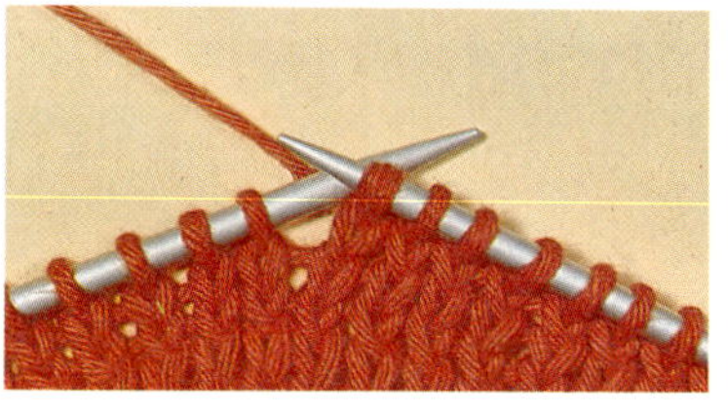

Links verschränkte Masche
Mit der rechten Nadel in die Masche der linken Nadel von hinten links nach vorn rechts einstechen. Faden zur Schlinge holen.

2 Maschen rechts verschränkt zusammenstricken

Mit der rechten Nadel in 2 Maschen der linken Nadel hinten von rechts nach links einstechen.

Den Arbeitsfaden von rechts nach links fassen. Die Schlinge nach vorn durchziehen.

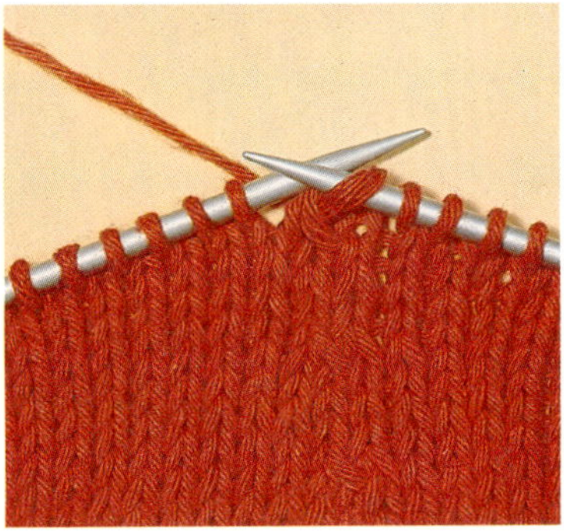

Beide Maschen von der linken Nadel gleiten lassen. Sie haben 1 Masche abgenommen.

Die langgezogene Masche

Für eine langgezogene Masche 3 Umschläge arbeiten, dann die Masche rechts abstricken.

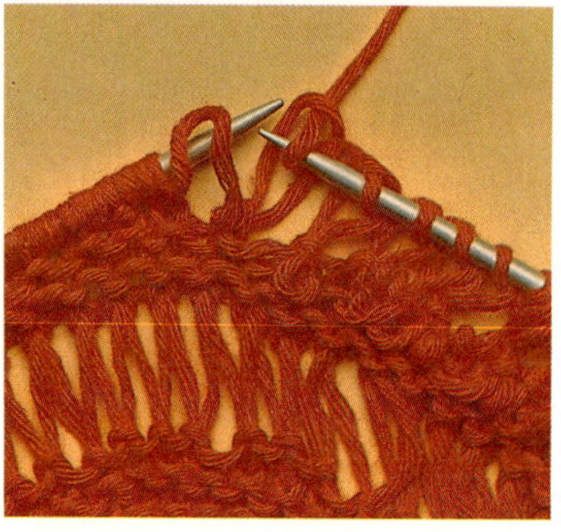

In der folgenden Reihe die Masche wieder abstricken und die Umschläge fallen lassen.

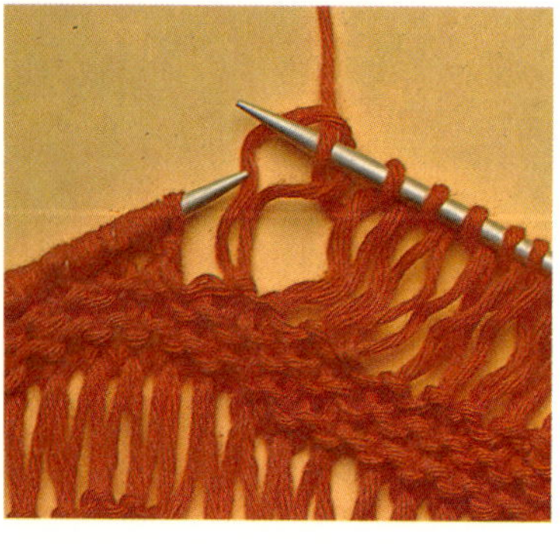

Durch die aufgelösten Umschläge bildet die Masche der Vorreihe eine lange Schlinge.

Die gekreuzte Hebemasche

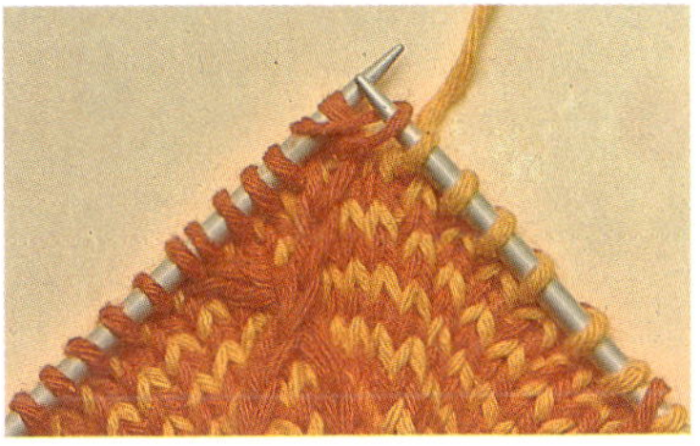

Hebemasche nach rechts kreuzen:
Beim ein- und zweifarbigen Strikken in die Hebemasche vor der Arbeit von links nach rechts einstechen.
Die Masche nach rechts herüberziehen und die übergangene Masche rechts abstricken.

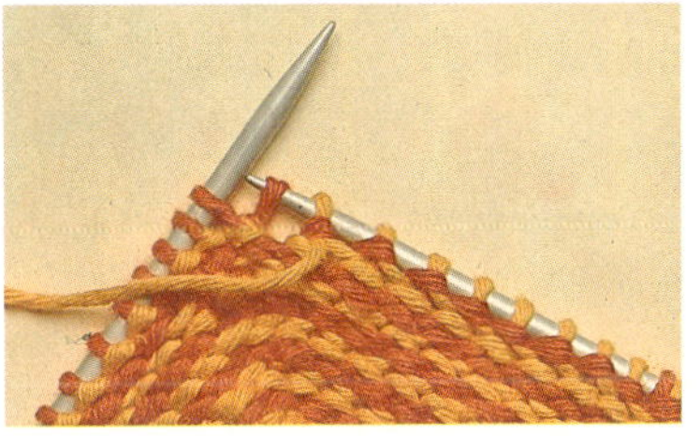

Beim zweifarbigen Muster auch in den Rückreihen kreuzen. Nach rechts: Hinter der Arbeit 1 M übergehen, in die 2. M (Hebemasche) einstechen und beide M von der linken Nadel gleiten lassen. Die übergangene M zum Abstricken wieder auf die linke Nadel nehmen.

Hebemasche nach links kreuzen:
Hinter der Hebemasche vorbei die folgende Masche rechts abstricken. Dann die übergangene Masche abheben und beide Maschen von der linken Nadel gleiten lassen.

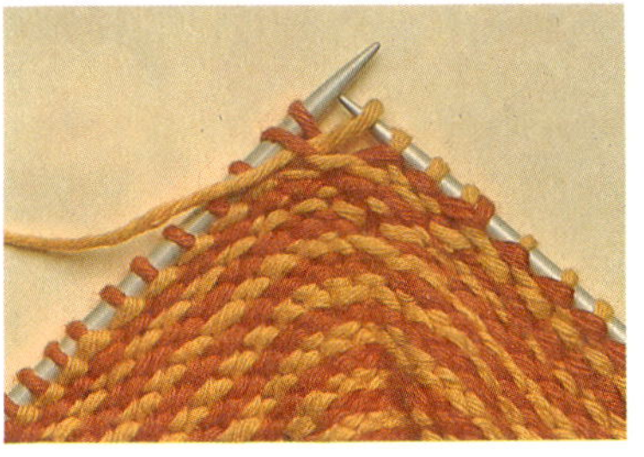

In der Rückreihe nach links kreuzen: Vor der Arbeit die Hebemasche übergehen und die folgende Masche links stricken, nicht von der Nadel nehmen. Dann in die Hebemasche einstechen und beide Maschen von der linken Nadel gleiten lassen.

Fäustlinge für große und kleine Leute

Zuerst gestrickt und dann bestickt sind diese praktischen Fäustlinge. Sticken Sie die Rhomben in Kontrastfarben im Maschenstich (siehe S. 73) auf die glatt rechts rundgestrickten Fausthandschuhe.

Größen

Für Vater und Kind (7–8 Jahre). Die Angaben für die Kinderfäustlinge stehen in Klammern.

Material

Schewe/Picaud, Original Shetland Wolle. 100 g in Grün (50 g in Rot). 1 Spiel Strumpfstricknadeln Nr. 3. Zum Sticken Reste in Gelb, Blau und Rot.

Grundmuster
glatt rechts = in Rd rechte Maschen.

Bündchenmuster
abwechselnd 1 M rechts, 1 M links.

Maschenprobe
30 M und 40 R = 10 x 10 cm.

Arbeitsanleitung

Rechter Handschuh
60 (44) M anschlagen und gleichmäßig auf die Strumpfstricknadeln verteilen. In Rd 10 (6) cm im Bündchenmuster stricken, anschließend im Grundmuster arbeiten.
Für den Daumen nach 2 Grundmuster-Rd nach der 1. M der 1. Nadel 1 M rechts hochgezogen (siehe Seite 23) zunehmen. Weiter in jeder 4. (3.) Rd noch 7 (5) x 1 M zunehmen. Dafür bei der folgenden Zunahme vor und nach der zuerst zugenommenen M je 1 M zunehmen. Die folgenden Zunahmen jedoch jeweils nach und vor den zuletzt zugenommenen M arbeiten, so daß ein Keil entsteht = 75 (55) M.
Anschließend die 15 (11) Daumen-M stillegen und über der Öffnung 7 (4) M neu anschlagen. Weiter in Rd stricken und in jeder folgenden 2. Rd diese neuen M darüber wieder abnehmen = 60 (44) M.
In 25 (16) cm Gesamthöhe für die Spitze in jeder 2. Rd 5 (4) x die 2. und 3. M der 1. und 3. Nadel rechts verschränkt, die beiden vorletzten M der 2. und 4. Nadel rechts zusammenstricken. Anschließend in jeder Rd 8 (5) x wie beschrieben abnehmen. Die restlichen 8 M mit dem Arbeitsfaden zusammenziehen.
Die Daumen-M wieder aufnehmen, dazu die über der Öffnung angeschlagenen 8 (6) M und 1 (2) M aufnehmen = 23 (17) M und in Rd stricken. Nach 5,5 (3,5) cm die ersten 2 M jeder Nadel rechts zusammenstricken. In jeder 2. Rd wiederholen und die restlichen 3–5 M mit dem Arbeitsfaden zusammenziehen.

Linker Handschuh
gegengleich arbeiten, d.h. die Zunahmen für den Daumen beginnen bei der vorletzten M der 2. Nadel.

Fertigstellung
Auf die Hand-Oberflächen die Rhomben im Maschenstich aufsticken.
Für den Vater: 4 cm ab Bündchen beginnend 2 gelbe Rhomben mit 3 R Abstand in der Höhe und versetzt dazwischen 2 rote Rhomben mit 3 M Abstand sticken.
Für das Kind: 2 cm ab Bündchen beginnend 1 blauen Rhombus, darüber mit 3 R Abstand 1 gelben Rhombus sticken.

— Die tiefer gestochene Masche —

Mit der rechten Nadel in die eine Reihe tieferliegende Masche der linken Nadel von vorn nach hinten einstechen.

Die in der zweiten Farbe gestrickte Mustermasche liegt durch das tiefere Einstechen eine Reihe unter den normal gestrickten Maschen.

Den Arbeitsfaden durch die Masche zur Schlinge holen. Dann die auf der linken Nadel befindliche Masche von der Nadel gleiten lassen.

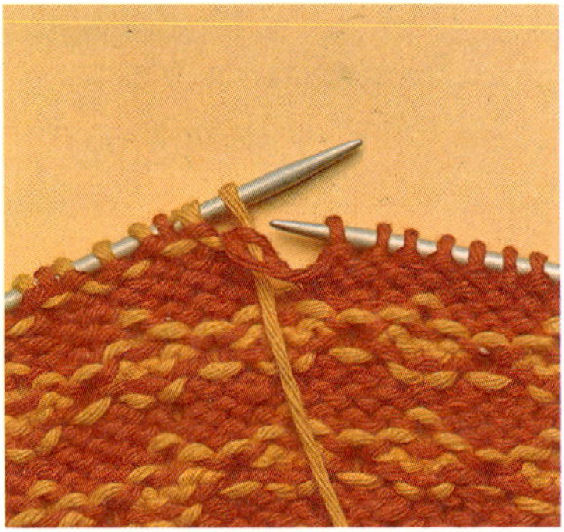

Hier die Rückseite der Arbeit. Die freiliegende Masche hat sich aufgelöst und liegt als zweiter Maschendraht hinter der neuen Masche.

Kreuzstichmaschen

In der **1. Reihe** nach der Randmasche 2 Maschen links, 2 Maschen rechts stricken, Randmasche.

In der **2. und allen übrigen Reihen** nach der Randmasche * 2 Maschen links stricken, dann 1 Masche links abheben, die folgende Masche rechts stricken und anschließend einen Umschlag arbeiten,

dann die abgehobene Masche über die gestrickte rechte Masche und den Umschlag ziehen, ab * wiederholen, Randmasche.

Ringelmütze und Fingerhandschuhe

In lustigen, bunten Ringeln sind Baskenmütze und Fingerhandschuhe gestrickt. Sie brauchen dazu eine Rundnadel und ein Spiel Strumpfstricknadeln. Je nach Geschmack können Sie zwischen zwei Variationen in jeweils vier verschiedenen Farben, einmal in gedämpften, einmal in kräftigen Tönen, wählen.

Für beide Sets

Material

Stahl'sche Wolle, Qualität Wesüta-Sportwolle (Farben und Mengen siehe nächste Seite). Eine 40 cm lange IMRA-Rundstricknadel und 1 Spiel INOX-Strumpfstricknadeln Nr. 2½.

Grundmuster

Glatt rechts = in Rd nur rechte M.

Bündchenmuster

Abwechselnd 1 M rechts, 1 M links.

Maschenprobe

28 M und 40 Rd = 10 cm.

Arbeitsanleitung

Mütze

Für 52–54 cm Kopfweite 144 M auf der Rundnadel anschlagen und 4 cm geradeaus stricken. Dann 12 x jede 12. M kennzeichnen und in jeder 3. Rd vor der gekennzeichneten M je 1 M rechts verschränkt aus dem Maschendraht zunehmen. Nach 8 Zunahmen = 240 M noch 3 Rd geradeausstricken. Nun 6 x jede 40. M kennzeichnen und in jeder 2. Rd die gekennzeichnete M mit der M davor rechts zusammenstricken. Nach 18 Abnahmen = 132 M weiter in jeder Rd wie beschrieben abnehmen. Bei kleiner M-Zahl auf die Strumpfstricknadeln übergehen. Die restlichen 6 M zusammenziehen.

Fertigstellung

Die Mütze leicht dämpfen. Den Rand 2 cm nach links umnähen und Gummiband einziehen.

Fingerhandschuhe

48 M anschlagen und auf 4 Nadeln verteilen = 12 M je Nadel, dann 15 cm im Bündchenmuster stricken. Für den Umschlag des Bündchens die Arbeit nun wenden und im Grundmuster stricken. Nach 3 Rd mit den Zunahmen für den Daumenspickel beginnen: Für den rechten Handschuh nach der 1. M der 1.

Nadel, für den linken Handschuh vor der letzten M der 4. Nadel 1 M rechts verschränkt aus dem Maschendraht zunehmen (s. Seite 97), weiter in jeder 3. Rd rechts und links davon noch 7 x je 1 M zunehmen – 61 M (s. Seite 97). Nach insgesamt 26 Grundmuster-Rd die 15 Daumen-M stilllegen, darüber 5 M mit 1 Hilfsnadel neu anschlagen und mit den 53 M im Grundmuster geradeaus stricken, dabei die neu angeschlagenen M wieder abnehmen (s. Seite 98). Nach insgesamt 46 Grundmuster-Rd mit dem kleinen Finger beginnen. Vom Handrücken (rechter Handschuh: 3. und 4. Nadel, linker Handschuh: 2. und 1. Nadel) 7 M, von der Handfläche 6 M aufnehmen, dazwischen 2 M für den Steg dazu anschlagen = 15 M, auf 3 Nadeln verteilen und in Rd 5,5 cm geradeaus stricken, dann für die Spitze abnehmen (s. Seite 98). Die restlichen M vernähen. Die Spitze bei allen anderen Fingern genauso arbeiten. Aus den Steg-M den Hilfsfaden herausziehen, die freigewordenen M aufnehmen und mit den M von Handrücken und Handfläche zusammen 2 Rd stricken. Dann die anderen Finger arbeiten. Ringfinger: Vom Handrücken 5 M, von der -fläche 6 M, dazu die 2 Steg-M vom kleinen Finger und zum Mittelfinger hin 2 Steg-M neu anschlagen, 7 cm geradeaus stricken, dann zur Spitze abnehmen. Mittelfinger: Wie Ringfinger, jedoch 7,5 cm geradeaus stricken. Zeigefinger: mit je 7 M von Handrücken und -fläche + 2 Steg-M vom Mittelfinger 7 cm stricken.

Die Daumen-M und dazu die vorher angeschlagenen 5 M aufnehmen und geradeaus stricken, dabei die 5 M wieder abnehmen (s. Seite 98). Ab 6 cm Höhe für die Spitze abnehmen.

Set Seite 38

Material

Je 50 g dunkelblau Nr. 2544, hellblau Nr. 2531, grau Nr. 2527, weinrot Nr. 2534.

Mütze

11 cm weinrot, weiter 4 Rd hellblau, 6 Rd dunkelblau, 4 Rd grau, 6 Rd dunkelblau, 4 Rd hellblau, 8 Rd weinrot, 4 Rd hellblau, dann dunkelblau beenden.

Handschuhe

Bündchen dunkelblau, weiter im Grundmuster 6 Rd weinrot, 4 Rd hellblau, 6 Rd dunkelblau, 4 Rd grau, 2 Rd dunkelblau, je 4 Rd hellblau, dunkelblau, grau, 2 Rd weinrot, 4 Rd hellblau, 2 Rd weinrot, 4 Rd grau. Finger und Daumen dunkelblau.

Set Seite 41

Material

Je 50 g rot Nr. 2516, grün Nr.

Die Abnahmen an der Mütze verlaufen spiralförmig, wie das Bild rechts zeigt. Dazu werden in jeder Runde 2 Maschen rechts zusammengestrickt.

2549, blau Nr. 2550, weiß Nr. 2521.

Mütze
11 cm rot, weiter 4 Rd grün, 6 Rd blau, 4 Rd weiß, 6 Rd blau, 4 Rd grün, 8 Rd rot, 4 Rd grün, dann blau beenden.

Handschuhe
Bündchen blau, weiter im Grundmuster 6 Rd rot, 4 Rd grün, 6 Rd blau, 4 Rd weiß, 2 Rd blau, je 4 Rd grün, blau, weiß, 2 Rd rot, 4 Rd grün, 2 Rd rot, 4 Rd weiß. Finger und Daumen blau.

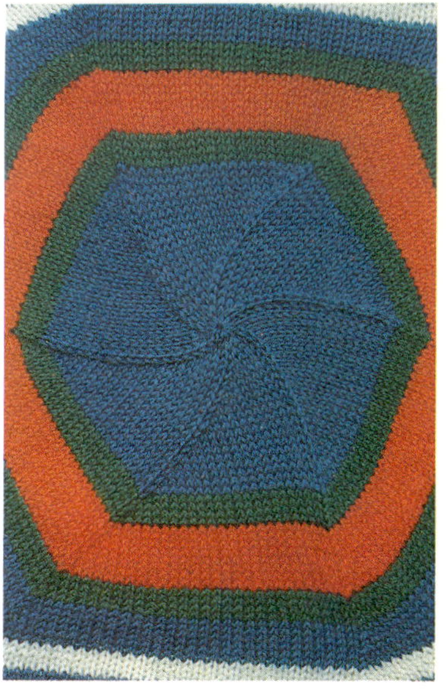

Verkürzte Reihen

Am Ende der Hinreihe die vorgeschriebene Maschenzahl unbearbeitet lassen. Arbeit wenden, 1 Umschlag arbeiten und zurückstricken.

Nach Ende der verkürzten Reihen in der Hinreihe den Umschlag mit der nächsten Masche rechts verschränkt zusammenstricken.

Am Ende der folgenden Rückreihe ebenfalls entsprechend Maschen unbearbeitet lassen. Wenden, 1 Umschlag arbeiten und weiterstricken.

Die Reihe beenden und bei der folgenden Rückreihe den Umschlag mit der nächsten Masche links verschränkt zusammenstricken.

Faden verkreuzen beim Farbwechsel

Farbwechsel, senkrecht: In der Hinreihe den Faden der ersten Farbe vor den Faden der zweiten Farbe legen. Anschließend die Masche normal abstricken.

Der Farbwechsel, schräglaufend: Die erste Masche der folgenden Farbe noch in der ersten Farbe abstricken. Dann die Fäden verkreuzen wie bei Foto 1 gezeigt.

In der folgenden Rückreihe den Faden der letzten Farbe hinter den Faden der neuen Farbe legen. Den neuen Farbfaden aufnehmen und die Masche normal abstricken.

In der folgenden Rückreihe den Farbwechsel wieder um eine Masche versetzen. Dabei die Fäden verkreuzen, wie bei Foto 2 gezeigt, und die Masche normal abstricken.

Warme Mützen und Schals

Hell und leuchtend sind die Farben des Orlongarnes, aus dem die Mützen und Schals gestrickt sind. Das gibt Ihren Kindern größere Sicherheit auf dem Schulweg und beim Spielen auf der Straße. Sie stricken einfach eins rechts, eins links. Die Fransen an den Schals sind nachträglich eingeknüpft.

Material
Mittelfeines pflegeleichtes Orlongarn in den jeweils angegebenen Farben und Mengen. 1 Paar INOX-Stricknadeln Nr. 3.

Grundmuster
Abwechselnd 1 M rechts, 1 M links stricken.

Maschenprobe
Mütze leicht gedehnt gemessen: 22 M und 33 R = 10 x 10 cm.

Maschenprobe
Schal, ungedehnt gemessen: 25 M und 32 R = 10 x 10 cm.

Arbeitsanleitung

Mütze

106 M anschlagen, im Grundmuster geradeaus stricken. Ab 24 cm Höhe für die 1. Abnahme fortlaufend jede 3. und 4. M (1 rechte und 1 linke M) rechts überzogen zusammmenstricken = 80 M. In allen folgenden Rückr die M stricken, wie sie erscheinen. 2. Abnahme in der nächsten Hinr: Jede rechte M mit der folgenden linken M rechts überzogen zusammenstricken = 54 M. 3. Abnahme in der nächsten Hinr: Jede 5. und 6. M rechts überzogen zusammenstricken. Weiter in jeder folgenden 2. R über der letzten Abnahmestelle 2 M zusammenstricken, die restlichen 9 M mit dem Arbeitsfaden zusammenziehen. Naht schließen, dabei die unteren 9 cm für den Umschlag nach rechts nähen.

Schal

43 M anschlagen, im Grundmuster mit Kettrand-M 100 cm geradeaus stricken. In die Schmalseiten mit rotem Garn und 5fachem Faden 10 cm lange Fransen einknüpfen.

Mütze und Schal, grün-rot-gelb

Material

Für die Mütze je 10 g in Grün, Gelb und Rot. Für den Schal je 40 g in Grün und Rot, 30 g in Gelb.

Mütze

Maschen in Grün anschlagen, 12 cm grün, anschließend 3 x abwechselnd je 6 R gelb und rot stricken, noch 6 R gelb arbeiten. Die Kopfabnahmen rot strikken.

Schal

Maschen in Rot anschlagen, * 2 x abwechselnd je 6 R rot und gelb, dann 6 R rot, 20 R grün, ab * 6 x wiederholen, dann noch 1 x die roten und gelben Streifen anfügen.

Mütze und Schal, blau-gelb-rot

Material

Für die Mütze je 20 g in Rot und Gelb, 10 g in Blau. Für den Schal je 30 g in Blau und Gelb. 60 g in Rot.

Mütze

Maschen in Rot anschlagen, 11 cm rot stricken, dann 16 R blau, 2 x abwechselnd je 8 R gelb und rot anfügen. Kopfabnahmen gelb arbeiten.

Schal

Maschen in Rot anschlagen und fortlaufend je 8 R rot und gelb, 16 R blau stricken. Der Schal endet mit einem gelben Streifen.

– Einstrickmuster in zwei Farben –

Mit verkreuzten Fäden über dem Zeigefinger
Die beiden Farbfäden so verkreuzt über den Zeigefinger legen, daß der eine Faden vor, der andere Faden hinter dem Finger liegt. Für den Farbwechsel den vorn liegenden Faden aufnehmen.

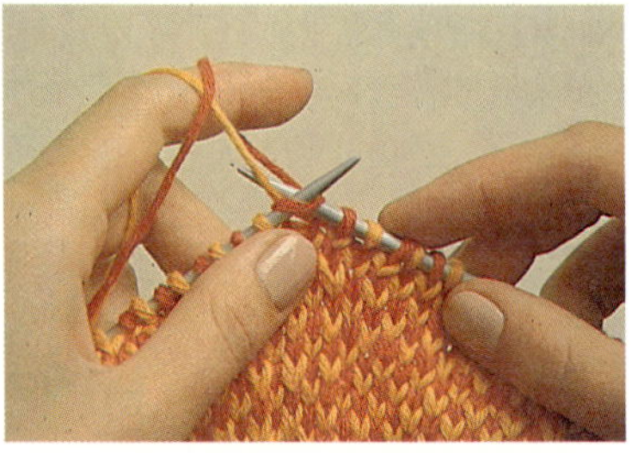

Beim nächsten Farbwechsel den hinten liegenden Faden aufnehmen und die Masche entsprechend abstricken. Der nicht in Arbeit befindliche Faden muß locker mitgeführt werden.

Mit dem Strickfingerhut
Für das Arbeiten mit dem Strickfingerhut die Fäden in die Ösen einhängen. Die zum Knäuel führenden Fäden einmal um den kleinen Finger schlingen und damit halten.

Beim Stricken abwechselnd einmal den links hängenden und einmal den rechts hängenden, dem Muster entsprechenden Farbfaden aufnehmen und die Masche abstricken.

So vermeiden Sie lange Spannfäden

Bei größeren Motiven den mitlaufenden Faden der Beifarbe zwischendurch immer einmal mit dem in Arbeit befindlichen Faden umschlingen.

Durch das Verschlingen der Fäden entstehen auf der Rückseite der Arbeit keine langen Schlaufen, die sich beim Tragen verfangen können.

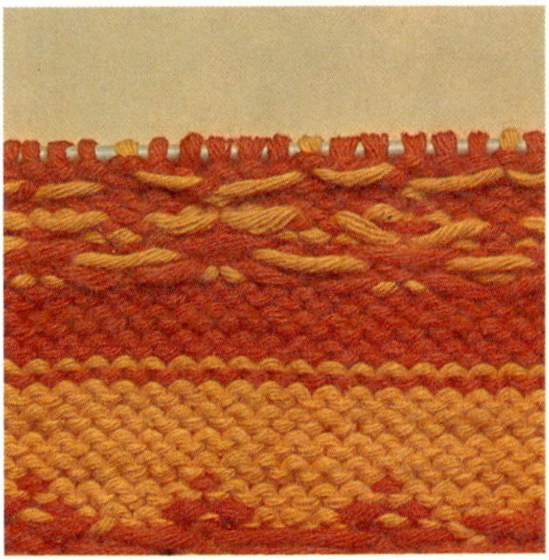

Melierte -Kapuzenjacke-

Größe
38/40

Material
Wagenfelder Wolle, Qualität Shag, 800 g in Meliert Nr. 52204. 1 Paar Stricknadeln Nr. 7. 3 Knöpfe.

Grundmuster
Glatt rechts = Hinr rechte M, Rückr linke M und glatt links = Hinr linke M, Rückr rechte M.

Maschenprobe
8,5 M und 14 R = 10 x 10 cm.

Arbeitsanleitung

Rücken
51 M anschlagen und mit einem dekorativen Schmuckanschlag beginnen: Einen Faden dreifach zusammenlegen, nicht abreißen, den Arbeitsfaden als erste Schlinge durch die Öse an der Zusammenlegestelle ziehen, dann den doppelten Kreuzanschlag ausführen (s. Abb. S. 51). Es ergibt sich eine Unterkante aus 3fachem Faden und eine M aus einfachem. Glatt rechts strikken, dabei in 15, 25 und 35 cm Höhe beidseitig je 1 M abnehmen

= 45 M. In 38 cm Höhe für die mit einer Spitze beginnenden Passe mit Mittelmasche links stricken, in den nächsten Hinr beidseitig je 1 M mehr links stricken bis 47 cm Gesamthöhe, dann alle M links stricken (s. Skizze). Nach 23 cm die Schultern beidseitig über 3 x 5 M in jeder 2. R abschrägen, restliche M auf einmal abketten.

Linkes Vorderteil
Beim Vorderteil läuft der Schmuckanschlag als Kante bis zum Hals. 75 M in gleicher Weise wie am Rücken anschlagen, davon 50 M abketten, die abzukettenden M links stricken. Die restlichen 25 M am Vorderteil dem Rücken entsprechend stricken, dabei in jeder Hinr 1 Abkett-M der Blende mit der Randmasche zusammenstrikken. In 15 cm Höhe für den Tascheneingriff die seitlichen 6 M stillegen. Nur über die anderen M stricken, dabei einmal sofort und dann noch 5 x in jeder 4. R 1 M abketten (schräger Tascheneingriff). Nach 20 R sind noch 12 M vorhanden, diese stillegen. Nun für die Taschenrückwand mit einem anderen Knäuel 19 M anschlagen und 9 R glatt rechts stricken, dann die stillgelegten M wieder aufnehmen und über alle 25 M 20 R hoch stricken, dabei die Abnahme der Seitenschrägung in 25 cm Höhe nicht vergessen. Dann die zur Vorderkante zeigenden 14 M abketten und die restlichen M mit den stillgelegten Vorderteil-M verbinden. Über alle 23 M dem Rücken entsprechend weiterstricken, die linke Passe beginnt jedoch in 47 cm Höhe in einer glatten Linie. Für den Halsausschnitt nach 90 R Höhe 1 x 3, 1 x 2, 2 x 1 M in jeder 2. R abketten, dann gerade hoch bis Schulterhöhe, diese wie am Rücken ausführen.

Rechtes Vorderteil
Gegengleich arbeiten.

Ärmel
Mit Schmuckanschlag über 28 M beginnen, nach 10 R glatt rechts einmal 4 R kraus rechts stricken. Bei 10 cm Höhe beginnend und dann in jeder 10. R beidseitig 6 x je 1 M zunehmen = 40 M. Ärmel in ca. 48 cm Höhe lokker abketten.

Kapuze
Über 53 M mit Schmuckanschlag beginnen und glatt rechts stricken, dabei in jeder 4. R beidseitig 3 x 1 M abnehmen. In ca. 18 cm Höhe beidseitig 3 x 5, 1 x 3 M in jeder 2. R abketten, dann über restliche 11 M so lange weiterstricken, bis die Randmaschenkette genau die Länge der Abkettkante der Kapuze erreicht hat.

Fertigstellung
Schulternähte schließen. Ärmel bis zum Beginn der linksge-

strickten Passe flach ansetzen. Seiten- und Ärmelnähte in einem Gang schließen. Taschenrückwand ansäumen. Als Taschenblende eine 18 cm lange Schmuckanschlagkante arbeiten, abketten und entlang dem Eingriff aufnähen. Die Kapuze etwas eingehalten, am Halsrand ansetzen, dabei an der Vorderkante je 3 cm freilassen. An diese Stelle die restlichen M der Vorderblende ansetzen, diese sollen bis zum Kapuzenansatz reichen. 3 Knöpfe anbringen und in dem weichen Gestrick mit einem stumpfen Gegenstand Knopflöcher erweitern und mit einem festen Faden umstechen. Eine dicke Schnur drehen und mit einigen Stichen über der Kapuzenansatznaht befestigen.

Der doppelte Kreuzanschlag

Die Ausführung ist aus Abbildung a–d zu ersehen. Für diese Jacke wird der Anfangsfaden dreifach zusammengelegt und dann mit der Nadel durch die durch das Wenden entstandene Schlinge gezogen. Hierauf läßt man den einfachen Faden über den Zeigefinger, den dreifachen über den Daumen laufen und schlägt (s. Skizze) Maschen an. Durch den dreifachen Faden entsteht unter den M eine breite Schmuckkette.

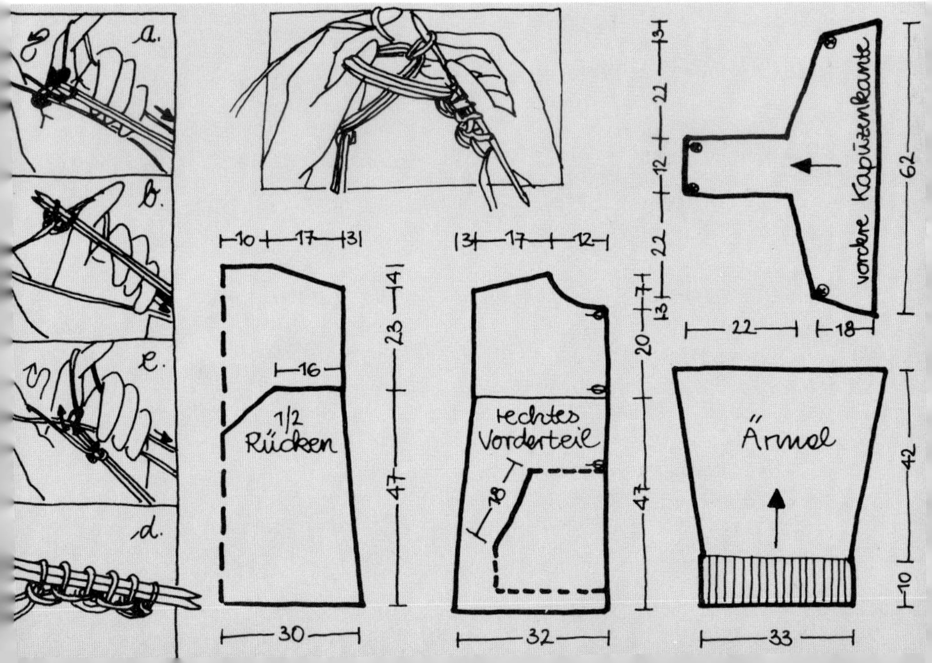

-Strickbündchen an Häkelsachen-

Stäbchen auf Strickbündchen

Mit der Häkelnadel in die Masche auf der Stricknadel von rechts nach links einstechen.

Umschlagen und den Faden zur Schlinge durchziehen. Die Masche von der Stricknadel gleiten lassen.

Die Strickmaschen sind mit Stäbchen abgehäkelt. Sie können auch andere Häkelmaschen wählen.

Strickmaschen aus dem Häkelstück

Mit der Stricknadel Maschen vom Luftmaschenanschlag oder aus der Häkelreihe aufnehmen.

Den Arbeitsfaden von rechts nach links aufgreifen und durch die Schlinge nach vorn durchziehen.

Weiter wie beschrieben die Maschen aufnehmen und darüber im Bündchenmuster stricken.

Sportlicher Pulli

Größen
50 und 54. Bei unterschiedlichen Angaben: Größe 54 in Klammern.

Material
Busse-Sportwolle, Art. 19, 800 (900) g in Weiß Nr. 1712. Je 1 Paar Stricknadeln Nr. 4 und 5.

Bündchenmuster
Abwechselnd 1 M rechts, 1 M links.

Grundmuster
Laut Strickschrift. Muster von der Mitte aus einteilen und den Mustersatz laufend wiederholen. Es sind die Hinr angegeben, bei den Rückr die Maschen stricken wie sie erscheinen.

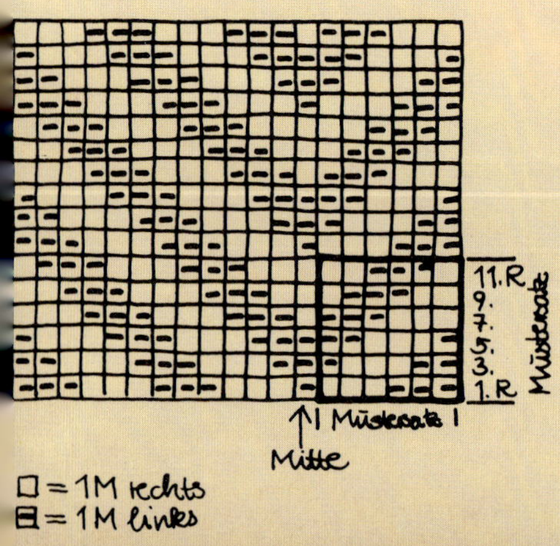

Maschenprobe
17 M und 24 R = 10 x 10 cm.

Arbeitsanleitung

Rücken
Anschlag 92 (98) M mit Nadeln Nr. 4, im Bündchenmuster 7 (8) cm hoch stricken. Mit Nadeln Nr. 5 weiterarbeiten. In der 1. Reihe 1 M zunehmen als Mittelmasche = 93 (99) M. Das Muster laut Strickschrift von der Mitte aus einteilen. 35 cm hoch stricken, dann beidseitig für den Armausschnitt je 8 M abketten = 77 (83) M. Nach 23 cm die mittleren 31 M auf einen Hilfsfaden legen und die Schultern gerade abketten.

Vorderteil
Wie Rückenteil stricken, jedoch für den Halsausschnitt 56 (57) cm ab Anschlag die mittleren 17 M auf einen Hilfsfaden legen und beidseitig jede 2. Reihe 1 x 3 M, 1 x 2 M, 2 x 1 M abketten. In 65 (66) cm Gesamthöhe die Schultern gerade abketten.

Ärmel
Anfang am oberen Rand. Das Muster so einteilen, daß das Diagonalmuster von Vorder- und Rückenteil über den Ärmel wei-

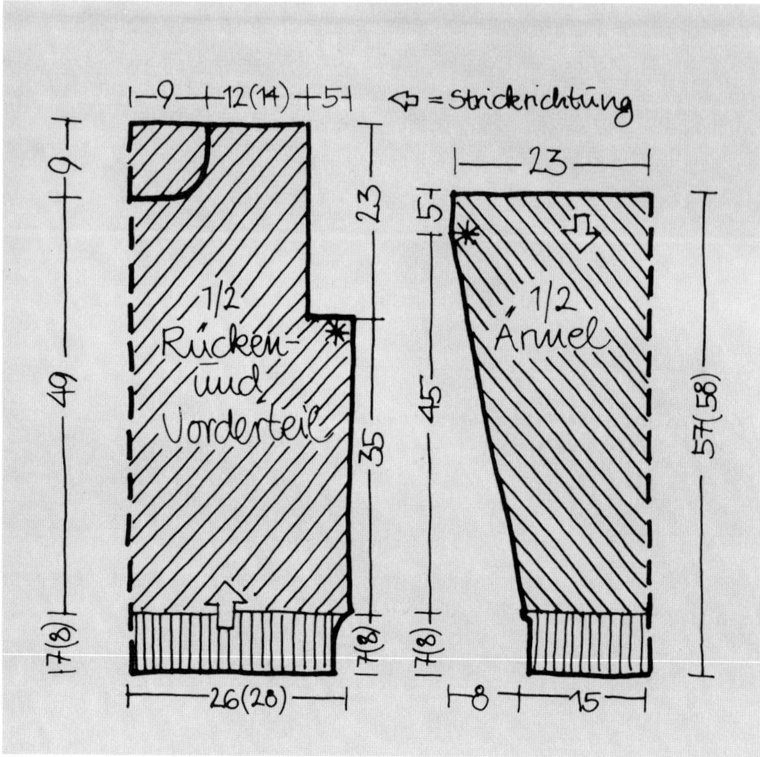

terläuft. 77 M mit Nadeln Nr. 5 anschlagen, 5 cm hoch im Diagonalmuster stricken. Dann für die Ärmelschräge beidseitig jede 7. R 14 x 1 M abnehmen = 49 M. In der letzten R vor dem Bündchen 7 M verteilt abnehmen = 42 M. Mit Nadeln Nr. 4 im Bündchenmuster 7 (8) cm stricken. Locker abketten.

Fertigstellung

Teile schnittgemäß spannen, anfeuchten und anschließend trocknen lassen.

Nähte und Ärmel bis * schließen, den Ärmeln zeichengerecht einnähen.

Aus dem Halsausschnitt zu den M der Hilfsfäden zusätzliche M von links herausstricken = 82 M insgesamt und 5 cm im Bündchenmuster stricken.

Die Blende zur Hälfte nach rechts umschlagen und unsichtbar festnähen.

Halbpatent

Mit tiefer gestochener Masche

In den Hinreihen werden die Maschen abwechselnd 1 Masche rechts und 1 Masche links gestrickt.

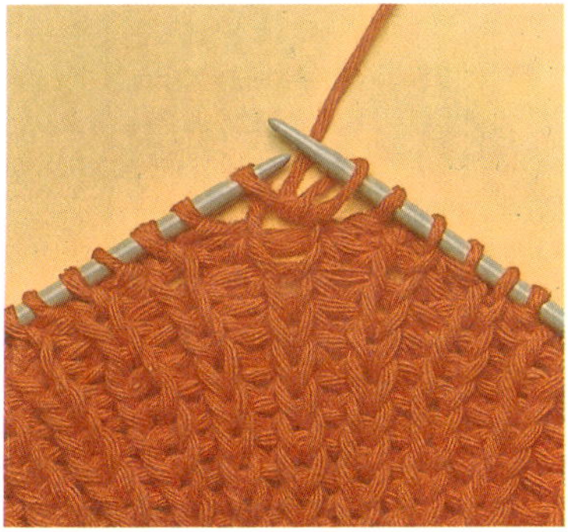

In den Rückreihen bei den rechten Maschen 1 Reihe tiefer einstechen, die linken Maschen werden normal gestrickt.

Mit Umschlag

In den Hinreihen die linken Maschen mit Umschlag links abheben, die rechten Maschen werden normal gestrickt.

In den Rückreihen die rechten Maschen mit dem Umschlag rechts zusammenstricken, die linken Maschen links stricken.

Romantisches Kleidchen

Größen
2 bis 5 Jahre

Alle Angaben stehen in dieser Reihenfolge:
a) 2 - b) 3 - c) 5 Jahre

Körpergröße: a) 86 - b) 94 - c) 108 cm.

Material
Phildar Wolle, Qualität Dedicace, a) und b) je 200 g, c) 250 g in Buvard.
1 Paar Stricknadeln Nr. 3½. 1 Hilfsnadel, Lastexfaden.

Grundmuster
Glatt rechts, kraus rechts = Hinr rechte M, Rückr rechte M.

Maschenprobe
Glatt rechts 21 M und 30 R = 10 x 10 cm.

Arbeitsanleitung

Rückenteil
a) 106 - **b)** 110 - **c)** 114 M mit Nadel Nr. 3½ anschlagen und 1,5 cm kraus rechts stricken. Glatt rechts gerade hoch stricken.
In **a)** 36 - **b)** 38 - **c)** 40 cm Höhe **ab glatt rechts** in der R verteilt **a)** 52 - **b), c)** 54 M abnehmen. Es bleiben **a)** 54 - **b)** 56 - **c)** 60 M.
In **a)** 38,5 - **b)** 40,5 - **c)** 42,5 cm Höhe **ab glatt rechts** beiderseits 12 M kraus rechts stricken und über die mittleren **a)** 30 - **b)** 32 - **c)** 36 M glatt rechts stricken. In **a)** 40 - **b)** 42 - **c)** 44 cm Höhe **ab glatt rechts** für die Armausschnitte beiderseits 1 x 9 M abketten. Es bleiben **a)** 36 - **b)** 38 - **c)** 42 M.
Gerade hoch weiter, dabei beiderseits immer 3 M kraus rechts stricken.
In **a)** 44,5 - **b)** 47,5 - **c)** 50,5 cm Höhe **ab glatt rechts** die mittleren **a)** 22 - **b), c)** 24 M ebenfalls kraus rechts stricken.
In **a)** 46 - **b)** 49 - **c)** 52 cm Höhe **ab glatt rechts** für den Halsausschnitt die mittleren **a)** 16 - **b), c)** 18 M abketten und beide Seiten getrennt beenden. In **a)** 51 - **b)** 54 - **c)** 57 cm Höhe **ab glatt rechts** die restlichen **a), b)** 10 - **c)** 12 M abketten.
Die andere Seite genauso beenden.

Vorderteil
Wie Rückenteil arbeiten.
In **a)** 43,5 - **b)** 46,5 - **c)** 49,5 cm Höhe **ab glatt rechts** die mittleren **a)** 22 - **b), c)** 24 M ebenfalls kraus rechts stricken.
In **a)** 45 - **b)** 48 - **c)** 51 cm Höhe **ab glatt rechts** den Halsausschnitt wie beim Rückenteil arbeiten. In

a) 52 - **b)** 55 - **c)** 58 cm Höhe **ab glatt rechts** die restlichen **a), b)** 10 - **c)** 12 M auf einmal abketten.

Fertigstellung

Die Seiten- und Schulternähte schließen, durch die Taille einige Lastexfäden ziehen und die Nähte leicht überbügeln.

Das vorstehende Modell ist leicht zu arbeiten. Die Schnittzeichnung können Sie ebenfalls problemlos nach den Maßen Ihres Kindes anfertigen.

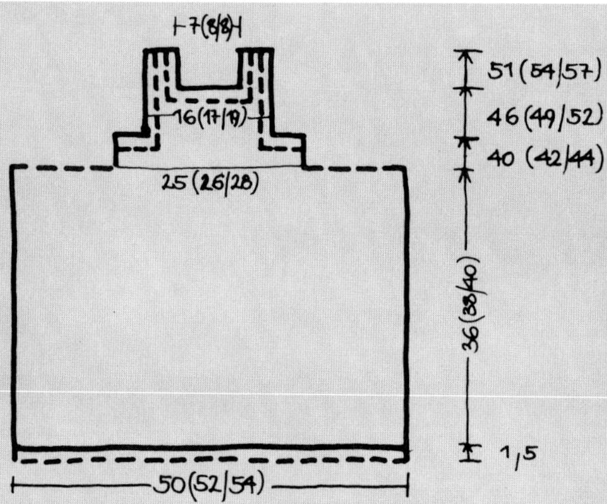

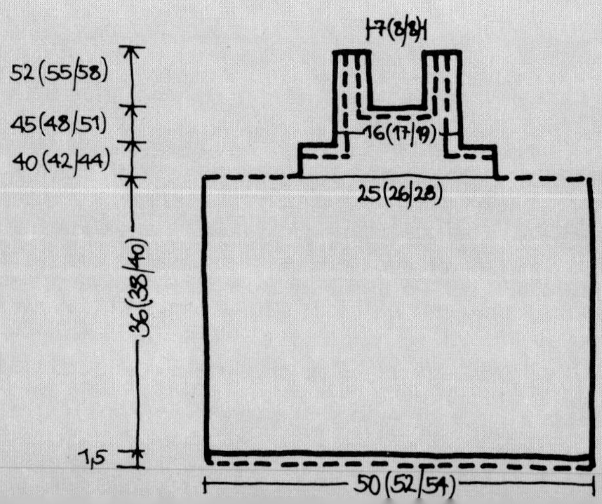

Netzpatent

Die **1. Reihe** ist eine Rückreihe: Randmasche, * 1 Umschlag, 1 Masche links abheben, 1 Masche rechts, ab * wiederholen, Randmasche.

In der **2. Reihe** (Hinreihe) werden alle Maschen rechts abgestrickt und...

...die dazwischenliegenden Umschläge abgehoben. Der Faden läuft auf der Rückseite weiter.

In **der 3. Reihe** wird nach der Randmasche * 1 Masche mit dem Umschlag rechts zusammengestrickt, danach...

...1 Umschlag gearbeitet und die folgende Masche links abgehoben. Ab * wiederholen, Randmasche.

Dann wird das Muster versetzt:
4. Reihe: Randmasche, 1 Masche rechts, * den Umschlag abheben, 2 Maschen rechts, ab * wiederholen. Am Ende der Reihe 1 Umschlag abheben, 1 Masche rechts, Randmasche.
5. Reihe: Randmasche, * 1 Umschlag, 1 Masche abheben, die folgende Masche mit dem Umschlag rechts zusammenstricken, ab * wiederholen. – Die 2.–5. Reihe fortlaufend wiederholen.

— Herrenjacke mit Zopfmuster —

Größen
Ab 15 Jahre

Alle Angaben stehen in dieser Reihenfolge:
Junioren: **a)** 15 - **b)** 17 Jahre
Herren: **c)** 44 - **d)** 48 - **e)** 52

Oberweiten: **a)** 86 - **b)** 90 - **c)** 96 - **d)** 104 - **e)** 112 cm.

Material
Phildar Wolle, Qualität 248 Shoot oder 237 Tanie.
a) 1050 g, **b)** 1100 g, **c)** 1150 g, **d)** 1250 g, **e)** 1300 g in Beige. Je 1 Paar Stricknadeln Nr. 4 und Nr. 4½. 1 Hilfsnadel, (Maschenfänger), 6 Knöpfe.

Grundmuster
Zopfmuster über 4 M: Maschenzahl teilbar durch 8+4+2 Randm.
1 R: 1 Randm, * 4 M links, 4 M rechts * Von * bis * wiederholen und mit 4 M links, 1 Randm enden.
2., 3., 4., 6., 7., 8., 9., 10. und 12. R: die M stricken, wie sie erscheinen.
5. R: 1 Randm, * 4 M links, die 2 folgenden M auf die Hilfsnadel vor die Arbeit nehmen, die 2 folgenden M rechts stricken, dann die 2 M der Hilfsnadel rechts stricken * Von * bis * wiederholen und mit 4 M links, 1 Randm enden.
11. R: 1 Randm, * 4 M links, die 2 folgenden M auf die Hilfsnadel hinter die Arbeit nehmen, die 2 folgenden M rechts stricken, dann die M der Hilfsnadel rechts stricken * Von * bis * wiederholen und mit 4 M links, 1 Randm enden.
Die 1. bis 12. R immer wiederholen.

Maschenprobe
Zopfmuster, mit Nadel Nr. 4½: 26 M und 25 R = 10 x 10 cm.
Von links sehr leicht dämpfen.

Arbeitsanleitung
Rücken
a) 87 - **b)** 91 - **c)** 97 - **d)** 107 - **e)** 113 M mit Nadel Nr. 4 anschlagen und 5 cm Rippen 1 rechts/1 links stricken, dabei mit 1 M rechts beginnen.
Mit Nadel Nr. 4½ im Zopfmuster weiter und in der 1. R verteilt **a)** 35 - **b)** 39 - **c)** 41 - **d)** 47 - **e)** 49 M zunehmen. Man erhält **a)** 122 - **b)** 130 - **c)** 138 - **d)** 154 - **e)** 162 M. Die 1. R wie folgt beginnen: 3 M links * 4 M rechts, 4 M links. * Von * bis * wiederholen. Man hat **a), c), d),** 1 Zopf - **b), e)** 4 M links in der Mitte.
In 41 cm Höhe **ab Muster** für den Raglan beiderseits für alle Gr. 1 x

3 M abketten, dann beiderseits jede 2. R: **a)** 8 x 2 M und 12 x 1 M **b)** 9 x 2 M und 13 x 1 M - **c)** 10 x 2 M und 13 x 1 M - **d)** 14 x 2 M und 10 x 1 M - **e)** 15 x 2 M und 10 x 1 M abketten. Es bleiben **a)** 60 - **b)** 62 - **c)** 66 - **d)** 72 - **e)** 76 M. In **a)** 58 - **b)** 59 - **c)** 60 - **d)** 61 **e)** 62 cm Höhe **ab Muster,** d.h. 2 R nach der letzten Raglanabnahme, für die Schulterschräge beiderseits jede 2. R: **a)** 9 x 2 M und 1 x 3 M - **b)** 8 x 2 M und 2 x 3 M - **c)** 7 x 2 M und 3 x 3 M - **d), e)** 4 x 2 M und 6 x 3 M abketten. Die restlichen **a), b)** 18 - **c), d)** 20 - **e)** 24 M auf einmal abketten.

Vorderteil

a) 41 - **b)** 43 - **c)** 47 - **d)** 51 - **e)** 53 M mit Nadel Nr. 4 anschlagen und 5 cm Rippen 1 rechts/1 links strikken, dabei rechts 2 M glatt rechts arbeiten.

Mit Nadel Nr. 4½ im Zopfmuster weiter und in der 1. R verteilt **a)** 17 - **b)** 21 - **c)** 21 - **d), e** 23 M zunehmen. Man erhält **a)** 58 - **b)** 64 - **c)** 68 - **d)** 74 - **e)** 76 M. Die 1. R wie folgt beginnen: **a), d)** 3 M. links, dann * 4 M rechts, 4 M links * - **b)** 1 M links * 4 M rechts, 4 M links * - **c), e)** 5 M links, * 4 M rechts, 4 M links. * Von * bis * immer wiederholen.

In 41 cm Höhe **ab Muster** für den Raglan links für alle Gr. 1 x 3 M abketten, dann jede 2. R: **a)** 8 x 2 M und 12 x 1 M - **b)** 9 x 2 M und 13 x 1 M - **c)** 10 x 2 M und 13 x 1 M - **d)** 14 x 2 M und 10 x 1 M - **e)** 15 x 2 M und 10 x 1 M abketten. In **a), c)** 50 - **b), d), e)** 51 cm Höhe **ab Muster** für den Halsausschnitt rechts 1 M, dann jede 3. R: **a), b),** 10 x 1 M - **c), d)** 12 x 1 M - **e)** 13 x 1 M abketten. In **a)** 58 - **b)** 59 - **c)** 60 - **d)** 61 - **e)** 62 cm Höhe **ab Muster,** d.h. 2 R nach der letzten Raglanabnahme, für die Schulterschräge links jede 2. R:

a) 5 x 2 M und 2 x 3 M - **b), c), e)** 2 x 2 M und 5 x 3 M - **d)** 1 x 2 M und 6 x 3 M abketten.

Das 2. Vorderteil gegengleich stricken.

Ärmel

a) 42 - **b)** 46 - **c)** 50 - **d), e)** 54 M mit Nadel Nr. 4 anschlagen und 4 cm Rippen 1 rechts/1 links stricken.

Mit Nadel Nr. 4½ im Zopfmuster weiter und in der 1. R verteilt **a)** 20 - **b)** 24 - **c)** 28 - **d), e)** 32 M zunehmen. Man erhält **a)** 62 - **b)** 70 - **c)** 78 - **d) e)** 86 M und hat **a), c)** 4 M eines Zopfes - **b), d), e)** 4 M links in der Mitte. Beiderseits jede 4. R: 22 x 1 M zunehmen. Man erhält **a)** 106 - **b)** 114 - **c)** 122 - **d), e)** 130 M und hat beiderseits 3 M links.

In 41 cm Höhe **ab Muster** für den Raglan beiderseits für alle Größen 1 x 3 M abketten, dann jede 2. R: **a)** 8 x 2 M und 12 x 1 M - **b)** 9 x 2 M und 13 x 1 M - **c)** 10 x 2 M und 13 x 1 M - **d)** 14 x 2 M und 10 x 1 M - **e)** 15 x 2 M und 10 x 1 M abketten. Es bleiben **a)** 44 - **b)** 46 - **c)** 50 - **d)** 48 - **e)** 44 M.

Beiderseits **a)** jede 2. R: 9 x 1 M, dann **links** jede 2. R: 2 x 1 M und

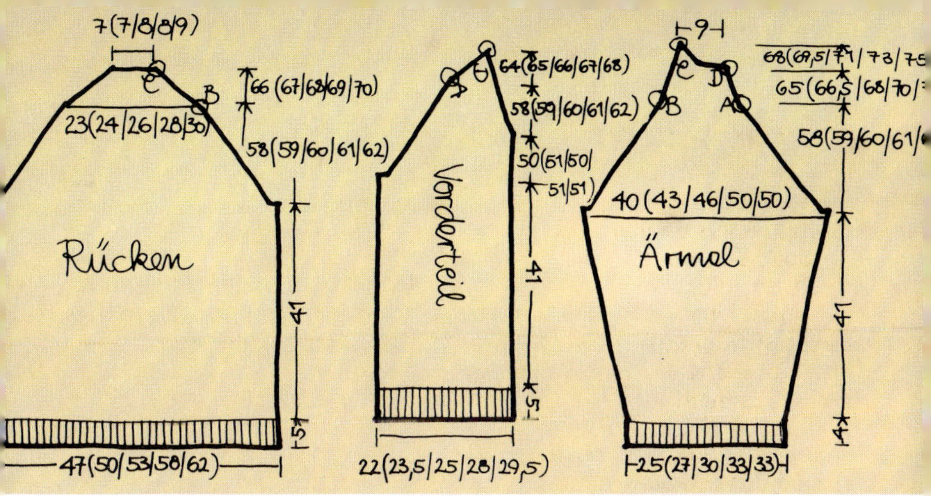

rechts 1 x 9 M und 3 x 5 M abketten - **b)** jede 2. R: 10 x 1 M, dann **links** jede 2. R: 2 x 1 M und **rechts** jede 2. R: 1 x 9 M und 3 x 5 M abketten - **c)** jede 2. R: 11 x 1 M, dann **links** jede 2. R: 3 x 1 M und rechts jede 2. R: 1 x 10 M und 3 x 5 M abketten - **d)** jede 3. R: 3 x 1 M, dann jede 2. R: 8 x 1 M., dann **links** jede 2. R: 2 x 1 M und **rechts** jede 2. R: 1 x 9 M und 3 x 5 M abketten - **e)** jede 3. R: 9 x 1 M, dann **links** jede 3. R: 2 x 1 M und **rechts** jede 2. R: 1 x 9 M und 3 x 5 M abketten.
Den 2. Ärmel für die Schulterpatte gegengleich stricken, die kürzere Seite entspricht dem Vorderteil.

Verschlußblenden
a) 151 - **b)** 155 - **c)** 159 - **d)** 163 - **e)** 167 M mit Nadel Nr. 4 anschlagen und 3 cm Rippen 1 rechts/1 links stricken, dabei links 2 M glatt rechts stricken. Dann 1 R rechts auf rechts stricken und die M auf 1 Faden oder Hilfsnadel stilllegen.
Eine 2. Blende mit **a)** 152 - **b)** 156 - **c)** 160 - **d)** 164 - **e)** 168 M stricken, dabei rechts 2 M glatt rechts arbeiten.
In der 7. R verteilt 6 Knopflöcher über je 2 M arbeiten. Das 1. Knopfloch 5 M vom Rand entfernt und die anderen im Abstand von je 16 M.

Fertigstellung
Die Seiten- und Ärmelnähte schließen und die Ärmel im Raglan einsetzen, dabei müssen die Punkte A B C D der Ärmel mit denen des Rückens und der Vorderteile übereinstimmen. Die Verschlußblenden zusammen nähen und M um M mit Steppstichen auf der rechten Seite annähen. Die Knopflöcher ausnähen, die Knöpfe anbringen und die Nähte leicht überbügeln.

Lochmuster

Lochstricken brauchen Sie bei vielen Mustern und Modellen. Wir zeigen den Umschlag und wie Sie zur Musterbildung die Maschen davor und danach zusammenstricken. Der Umschlag ist wichtig zum Ausgleich der Maschenzahl, denn durch das Zusammenstricken werden Maschen abgenommen.

Umschlag und Lochmuster nach rechts und links verlaufend

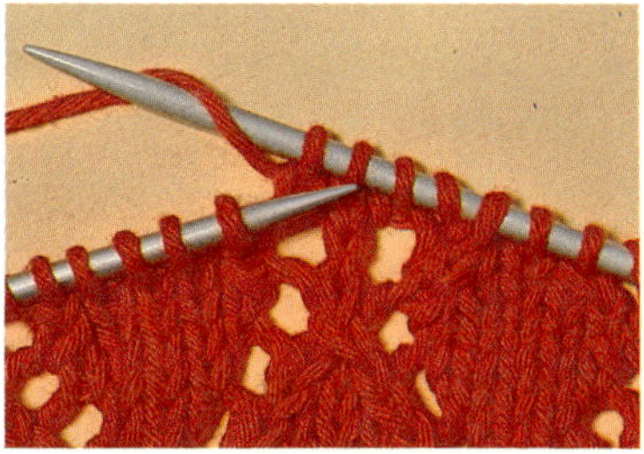

Für einen Umschlag den Arbeitsfaden mit der rechten Nadel von rechts nach links aufgreifen.

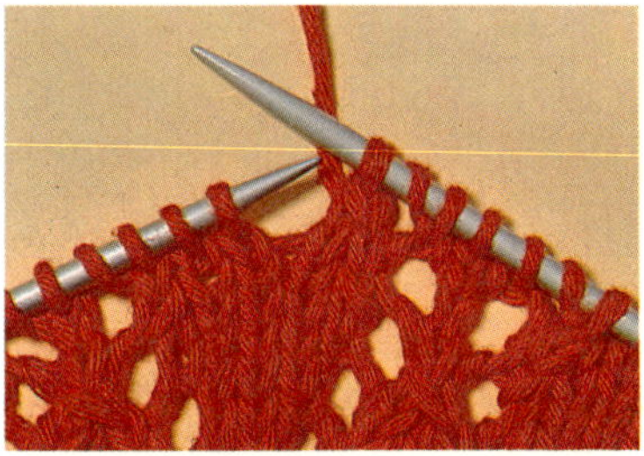

Lochmuster nach links laufend: Nach dem Umschlag 2 Maschen rechts überzogen zusammenstricken.

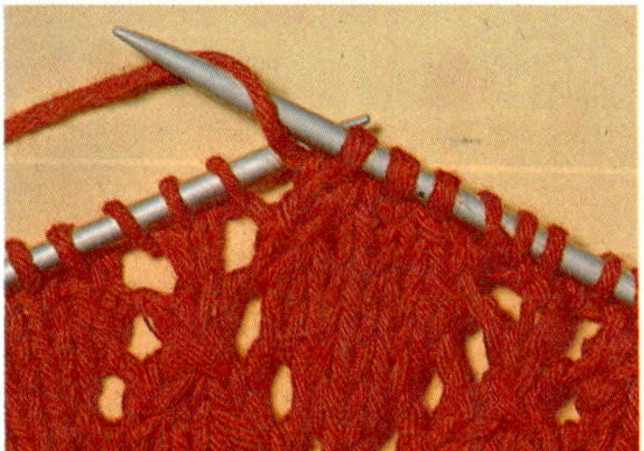

Lochmuster nach rechts laufend: 2 Maschen rechts zusammenstricken, danach 1 Umschlag arbeiten.

Umschlag links und rechts abgestrickt

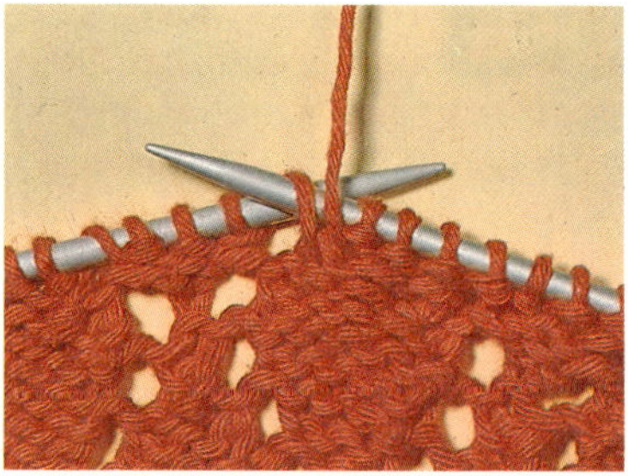

In den Rückreihen den Umschlag mit der rechten Nadel wie zum Linksstricken aufgreifen.

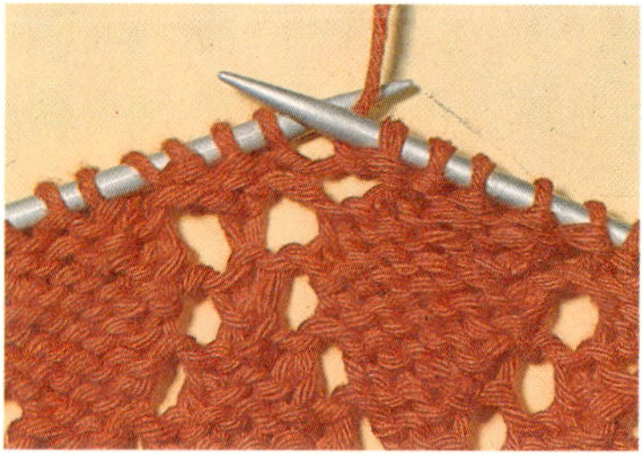

Anschließend den Umschlag wie eine Masche links abstricken. Durch den Umschlag entsteht ein Loch.

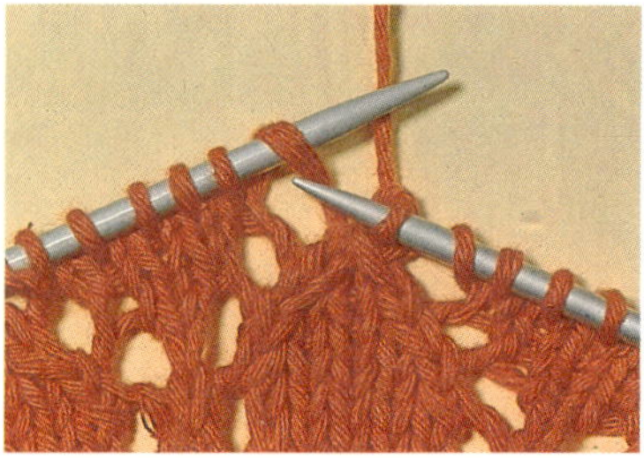

Beim Rundstricken in den Umschlag mit der rechten Nadel wie zum Rechtsstricken einstechen.

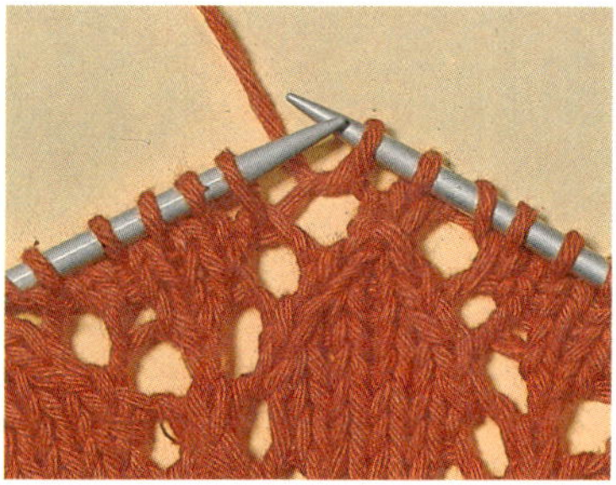

Danach den Umschlag wie eine Masche rechts abstricken. Durch den Umschlag entsteht ein Loch.

Maschen rechts überzogen zusammengestrickt im Lochmuster

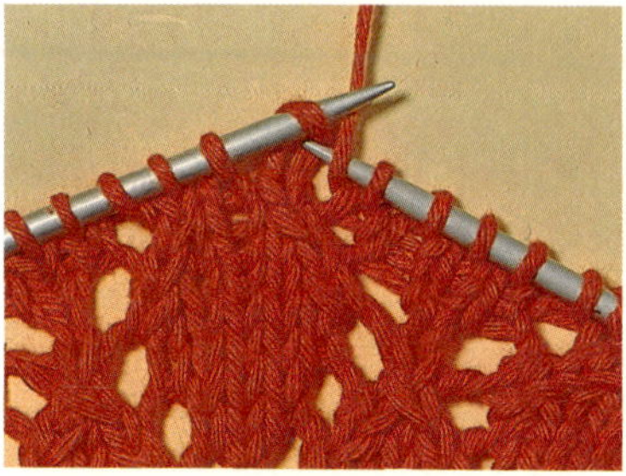

Zuerst einen Umschlag arbeiten, dann die folgende Masche wie zum Rechtsstricken abheben.

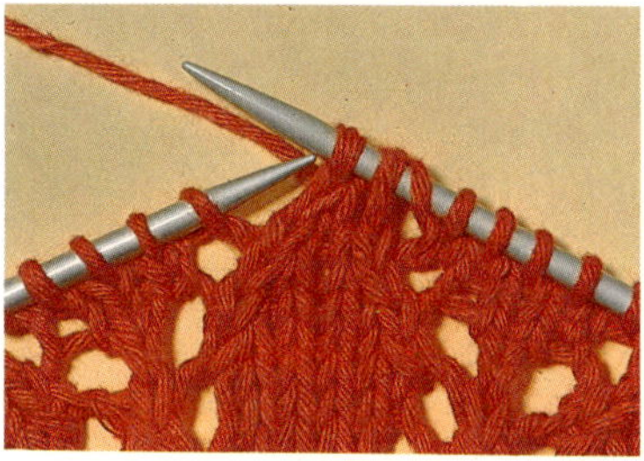

Anschließend die folgenden zwei Maschen rechts zusammenstricken.

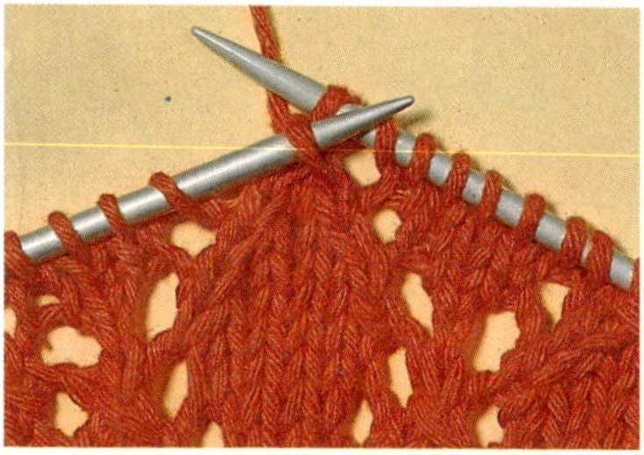

Die abgehobene Masche mit der linken Nadel aufnehmen, über die zusammengestrickten Maschen ziehen.

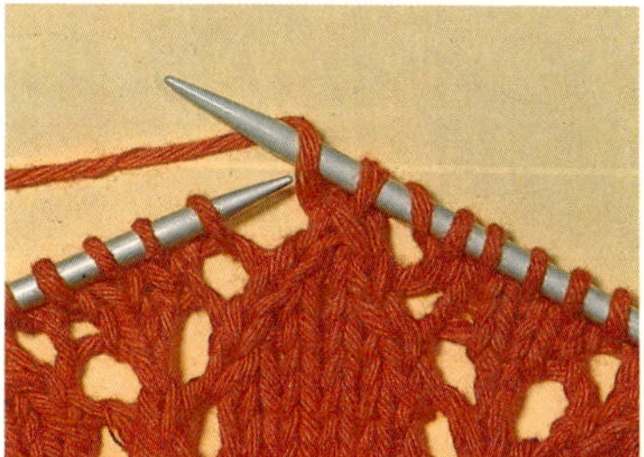

Es wurden 2 Maschen abgenommen. Zum Ausgleich der Maschenzahl noch 1 Umschlag arbeiten.

Noppenmuster

Für die Noppe zuerst 1 Masche rechts verschränkt aus einer Masche der Vorreihe herausstricken und langziehen.
Die abgestrickte Masche nicht von der linken Nadel gleiten lassen.

Den Arbeitsgang von Foto 1 und 2 noch 3mal abwechselnd wiederholen. Die Masche von der linken Nadel gleiten lassen, die Schlingen auf diese Nadel zurücksetzen und rechts verschränkt zusammenstricken.

Anschließend 1 Masche rechts aus der gleichen Masche herausstricken und wie die vorhergehende Masche wieder langziehen.

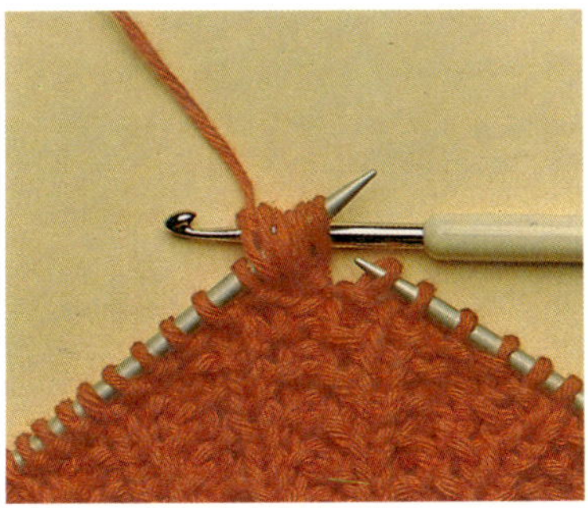

Wenn es Schwierigkeiten macht, die Schlingen mit der Stricknadel abzustricken, können Sie auch mit einer Häkelnadel den Faden zur Masche durchholen.

Zopfmuster

Einfacher Zopf

Zuerst mit der Musternadel 2 Maschen vor die Arbeit legen.

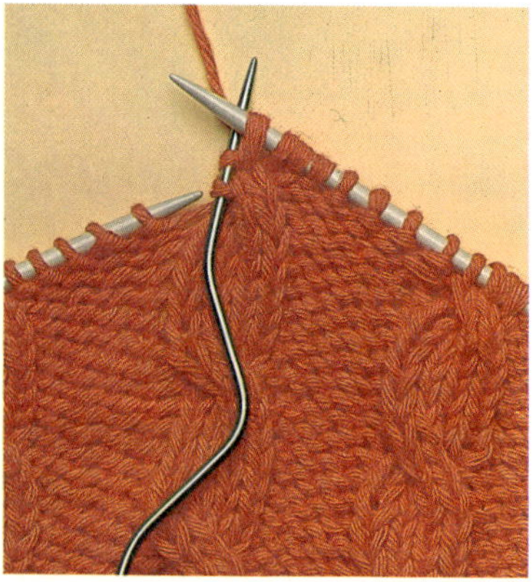

Weitere 2 Maschen und Musternadel-Maschen rechts stricken.

Dreifacher Zopf

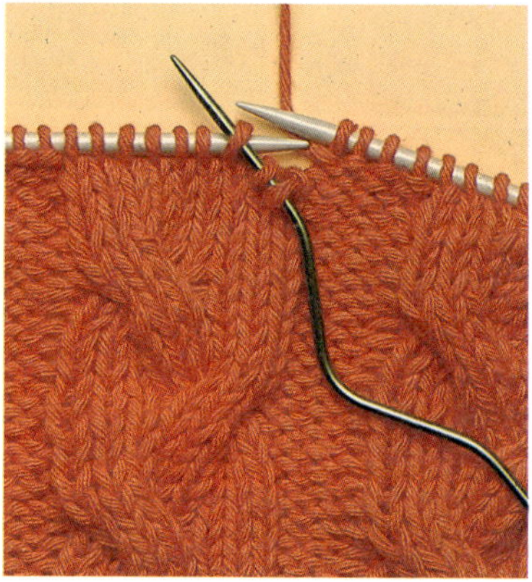

Rechtskreuzen: 3 Maschen auf die Musternadel übernehmen.

Die Musternadel mit den Maschen hinter die Arbeit legen.

Danach stricken Sie die folgenden drei Maschen rechts ab.

Die Musternadel-Maschen und die nächsten 3 Maschen rechts stricken.

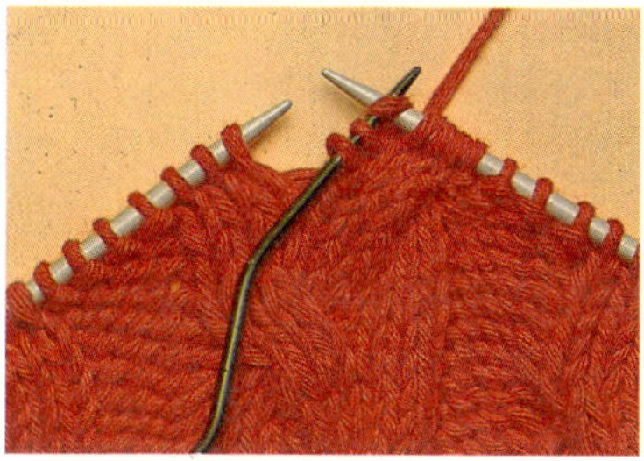

Linkskreuzen: 3 rechte Maschen, 3 Maschen vor die Arbeit.

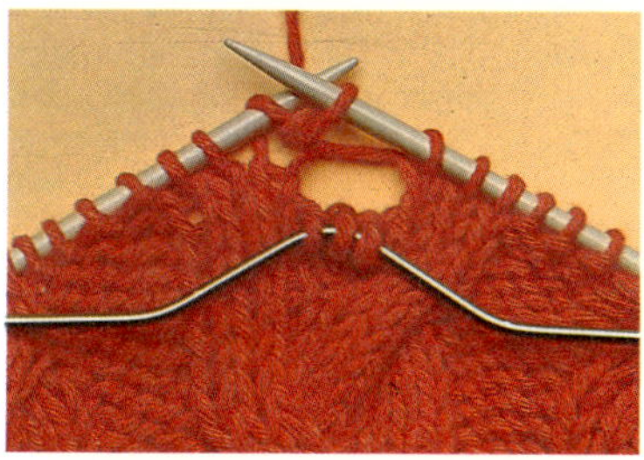

Die nächsten 3 Maschen und Musternadel-M rechts stricken.

Schleudersternmuster

Beim Kunststricken kommt sehr häufig das Flachstricken in Runden vor. Wir erklären Ihnen hier anhand eines der bekanntesten Muster, dem sogenannten Schleudersternmuster, wie Sie einen flachen Teller stricken können: Schlagen Sie auf dem Nadelspiel 8 Maschen an = 2 Maschen je Nadel. Stricken Sie nun erst 1 Runde rechte Maschen. Nehmen Sie in der folgenden Runde vor jeder Masche rechts verschränkt aus dem Querdraht zu. Sie haben damit 8 Zunahmestellen. Stricken Sie nun immer abwechselnd 1 Runde ohne und 1 Runde mit Zunahme. In der letzten Runde die Maschen locker abketten.

In den Zwischenrunden (gerade Runden) wird der Umschlag rechts abgestrickt. Das ergibt ein einfaches Lochmuster.

Bei dem Schleudersternmuster beginnt jeder Rapport in den Musterrunden (ungeraden Runden) mit einem Umschlag.

In der 10. Runde = Zwischenrunde werden erstmals am Ende von jedem Rapport 2 Maschen rechts zusammengestrickt.

Ab der 11. Runde werden auch in jeder Musterrunde am Ende von jedem Rapport 2 Maschen rechts zusammengestrickt, somit also in jeder Runde. Das ist notwendig, da Sie ab der 11. Runde nach dem Muster immer 3 Umschläge, also Zunahmen, in jedem Rapport stricken müssen. (Diese reduzieren sich durch die beiden Abnahmen wieder auf 1 Zunahme pro Rapport und Musterrunde.)

Maschenstich

Mit dem Maschenstich, einem beliebten und einfachen Stickstich, können Sie auf einer glatt rechts gestrickten Fläche (z. B. einem Pullover) ein mehrfarbiges Muster sticken.
Dieser Stickstich wirkt wie eingestrickt und ist bei großen Mustern günstig.

Sie können nach jeder Kreuzstich-Mustervorlage arbeiten. Beim Besticken von Stricksachen vermeiden Sie lange Überbrückungsfäden auf der Rückseite, die beim Einstricken entstehen. Der Stickfaden – es gibt dafür besondere Stickwollen –, soll nicht dünner als der verstrickte Faden sein und darf nie zu fest angezogen werden.

Waagerecht von rechts nach links: In der Mitte der Masche ausstechen, Nadel um die Masche führen.

Nadel durchziehen. In der Ausstichstelle wieder einstechen und in gleicher Höhe in der nächsten Masche erneut ausstechen.

Für den nächsten Stich die Nadel von rechts nach links um die Masche herumführen und wie vorher durchziehen.

Senkrecht von oben nach unten: Wie bisher einstechen, Nadel unter dem querliegenden Maschendraht nach unten führen.

Senkrecht von unten nach oben: Wie bisher einstechen, unter dem querliegenden Maschendraht hindurch 1 Reihe höher ausstechen.

Diagonal von rechts oben nach links unten: Wie bisher einstechen, in der folgenden Masche 1 Reihe tiefer ausstechen.

Diagonal von links unten nach rechts oben: Nadel von links nach rechts um die Masche. Ausstich: 1 Masche daneben, 1 Reihe höher.

Dornröschenmuster

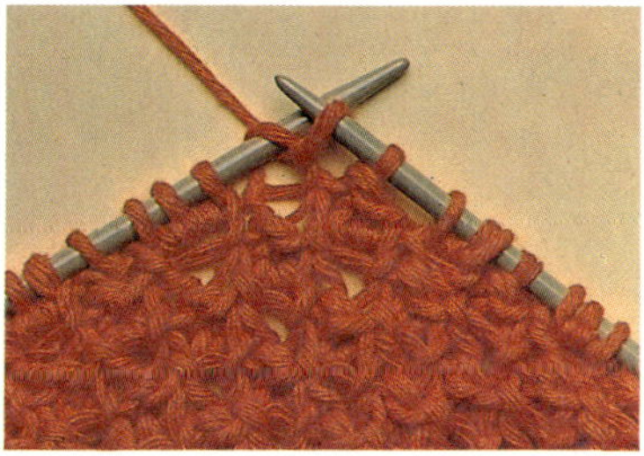

Das Muster erscheint auf der linken Seite der Arbeit. **1. Reihe** (Rückreihe): Randmasche, * aus der folgenden Masche 1 Masche rechts herausstricken.

Nun aus der gleichen Masche 1 Masche links herausstricken. Dann weiter aus der gleichen Masche noch einmal 1 Masche rechts herausstricken.

Anschließend die folgenden 3 Maschen links zusammenstricken. Ab * das Muster laufend wiederholen und am Ende der Reihe 1 Randmasche arbeiten.

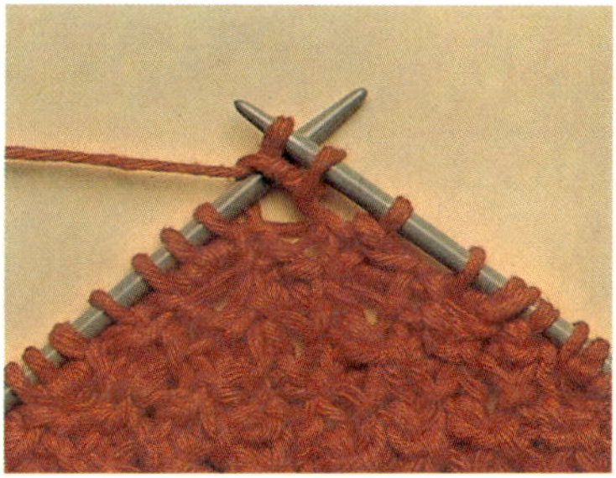

In der **2. Reihe** (Hinreihe) nur linke Maschen stricken. **3. Reihe:** Randmasche, * 3 Maschen links zusammenstricken, aus der folgenden Masche 1 Masche rechts, 1 Masche links, 1 Masche rechts herausstricken, ab * wiederholen, Randmasche. Die **4. Reihe** wie die 2. Reihe stricken. Die 1.–4. Reihe laufend wiederholen.

Lässiger Karopulli

Größe
38/42

Material
Tiber-Wolle, Qualität Doux Mohair, 150 g in Blau Nr. 44, 200 g in Ziegelrot Nr. 53. Qualität Coton Velours, je 50 g in Maisgelb Nr. 915 und Dunkelblau Nr. 905.
Je 1 Paar Stricknadeln Nr. 3 und 4, 1 Rundstricknadel oder Nadelspiel Nr. 3.
1 Häkelnadel Nr. 4.

Grundmuster
Glatt rechts = Hinr rechte M, Rückr linke M.

Bündchenmuster
Abwechselnd 2 M rechts, 2 M links.

Maschenprobe
20 M und 28 R = 10 x 10 cm.

Arbeitsanleitung

Rücken
Mit Nadeln Nr. 3 in Ziegelrot 108 M anschlagen und 6 cm im Bündchenmuster stricken. Mit Nadeln Nr. 4 und glatt rechts wie folgt weiterarbeiten:
12 M rechts * 1 M links, 3 M rechts, 1 M links, 23 M rechts ab* wiederholen und die R mit 12 M rechts beenden.
Das Rückenteil fortlaufend so weiterstricken. 24 R in Ziegelrot, 1 R in Maisgelb, 3 R in Blau, 1 R in Dunkelblau, 24 R in Blau, 1 R in Maisgelb, 3 R in Dunkelblau, 24 R in Ziegelrot.
So weiterarbeiten, indem abwechselnd ein blauer und ein roter Streifen gestrickt werden.
Bei 57 cm Gesamthöhe die 32 mittleren Maschen für den Halsausschnitt auf einmal abketten.
Jede Seite separat weiterarbeiten, indem von der Halsausschnittseite aus 1 x 4 M, 1 x 3 M, und bei 60 cm Gesamthöhe die 31 M für die Schulterschräge auf einmal abgekettet werden.
Die zweite Seite wird ebenso gearbeitet.

Rechtes Vorderteil
Genauso wie Rückenteil arbeiten.
Bei 56 cm Gesamthöhe die 14 mittleren M auf einmal abketten, dann an jeder Seite jede R 1 x 4 M, 1 x 3 M, 1 x 2 M, 1 x 3 M, 2 x 2 M. Bei 60 cm Gesamthöhe die 31 M für die Schulterschräge auf einmal abketten.

Linkes Vorderteil
Gegengleich arbeiten.

Ärmel
Mit Nadel Nr. 3 in Ziegelrot 46 M anschlagen und 9 cm im Bündchenmuster stricken.
Mit Nadel Nr. 4 und glatt rechts wie folgt weiterarbeiten:
1. R: * 1 M stricken, in der folgenden M 1 M zunehmen ab* wiederholen.
2. R: alle M links.
3. R: * 1 Zunahme, 1 M stricken. *
4. R: 2 M links stricken * 1 M rechts, 3 M links, 1 M rechts, 23 M links ab* wiederholen. Die R mit 2 M links beenden.
Die gleiche Farbverteilung wie für Rücken- und Vorderteil nehmen und bei 50 cm Gesamthöhe alle M abketten.

Besticken
Mit Hilfe einer Häkelnadel oder einer einfachen Nadel auf der rechten Seite der Arbeit abwechselnd in Maisgelb und Dunkelblau die linken M, die eine Vertiefung bilden, aussticken.

Fertigstellung
Schulternähte schließen, die Arbeit flach hinlegen, die Ärmel einnähen. Ärmel- und Seitennähte zusammennähen. Aufpassen, daß die Streifen und Farben genau übereinanderstimmen.

Kragen
Die M rund um den Halsausschnitt aufnehmen und 3 cm im Bündchenmuster 2/2 entweder mit einer Rundstricknadel oder einem Nadelspiel stricken.

Es ist wichtig, daß Sie zu Beginn der Arbeit ein Muster angefertigen. Wenn Ihre Probe nicht dem angegebenen Muster entspricht, müßten Sie es noch einmal versuchen, mit entweder dickeren oder dünneren Nadeln. Wir empfehlen Ihnen, das Schema Ihren eigenen Maßen anzupassen.

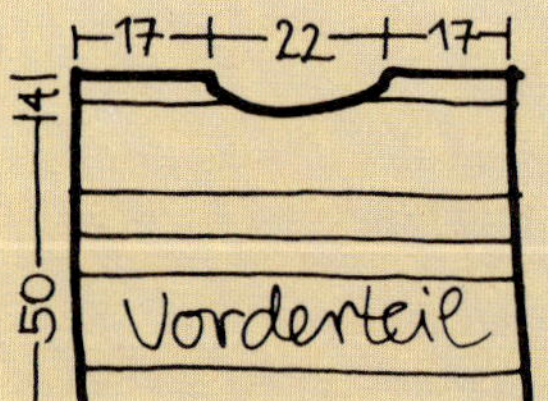

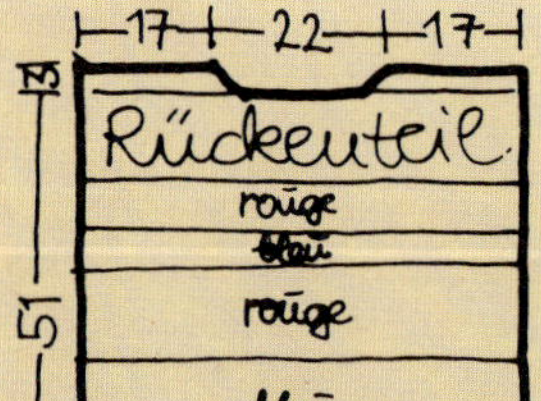

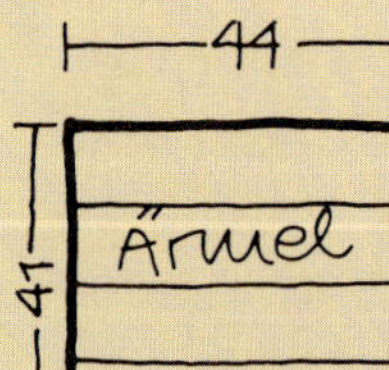

Wenn's rund gehen soll

Beim Rundstricken stricken Sie immer weiter, ohne die Seiten zu wechseln, so stricken Sie schneller und gleichmäßiger.

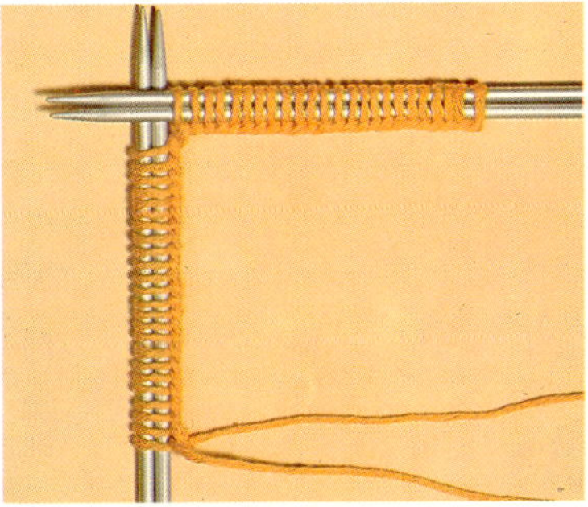

Nadelspiel und Rundnadel

Zu Beginn jeweils die Hälfte der angegebenen Maschenzahl auf je einem Nadelpaar anschlagen.

Bei jedem Paar 1 Nadel herausziehen und je zur Hälfte die Maschen auf die Nadeln verteilen.

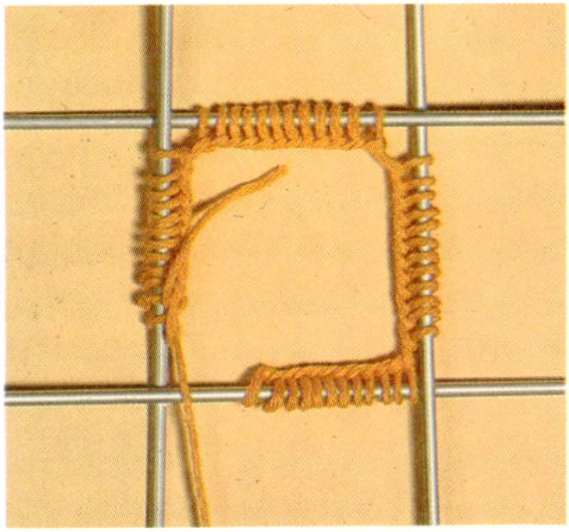

Rundnadel für größere Strickarbeit. Beim Rundenschluß darf der Anschlag nie verdreht sein.

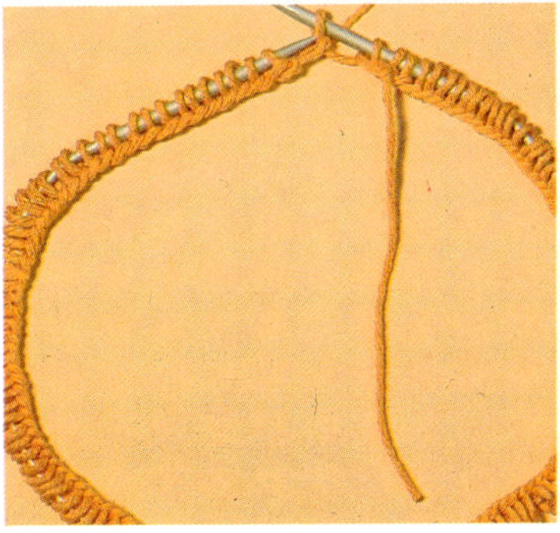

– So stricken Sie einen Ausschnitt –

Wichtig für Bündchen an Halsausschnitt oder Ärmelausschnitt: Für nachträglich angestrickte Bündchen müssen Sie die Maschen sehr sorgfältig aus dem Gestrick aufnehmen. Probieren Sie darum lieber ein wenig länger an der Aufnahme-Runde, als daß Sie sich später über eine nicht gelungene Arbeit ärgern.

Weil die Abnahmen am vorderen Rand nicht immer ganz gleichmäßig sind, die Bündchen-Maschen nicht direkt aus den Randmaschen aufnehmen. Markieren Sie darum vor allem beim runden Ausschnitt die Aufnahmelinie mit einem Heftfaden. Beim spitzen Ausschnitt ist dies nicht unbedingt notwendig.

Die Maschen mit der Rundnadel oder dem Nadelspiel aufnehmen: einstechen und den Faden zur Schlinge holen.

Tip: Für das Aufnehmen wählen Sie besser eine halbe Nadelstärke weniger als vorgeschrieben, damit die Aufnahme-Runde nicht zu locker wird. Mit der normalen Nadelstärke dann weiterarbeiten.

Die Maschen-Zahlen für den halben Rücken sind angegeben: Für das Aufnehmen teilen Sie die Rundung und die Maschen-Zahl in 4 gleichmäßige Teile.

Gerippte Bündchen ziehen die Arbeit mehr zusammen als glattgestrickte Teile. Sie müssen also immer wieder zwischen den Maschen einstechen, vor allem bei flacheren Rundungen, und der Linie folgend entsprechend jeweils 1 Reihe tiefer die Schlinge holen.

Bei starken Schrägungen die Maschen gleichmäßig versetzt aufnehmen. Beispiel: Sie nehmen 1 Schlinge auf, die nächste Schlinge holen Sie aus der 1 Reihe tiefer liegenden Masche, die nächste 1 Reihe tiefer zwischen 2 Maschen, die nächste wieder 1 Reihe tiefer aus der ganzen Masche.

Tip: Kontrollieren Sie die aufgenommenen Maschenzahlen.

Runder Ausschnitt und Maschenaufnehmen

Beim runden Ausschnitt die Linie für die aufzunehmenden Maschen mit Heftfaden markieren.

In der Mitte des Rückenausschnitts beginnend die Maschen an der Heftlinie entlang aufnehmen.

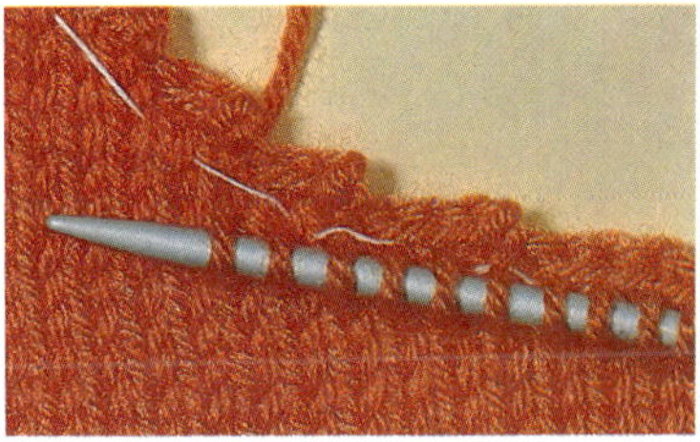

Im Bündchenmuster in Runden stricken. Beim Abketten die Maschen stricken, wie sie erscheinen.

3 Maschen mit rechter Mittelmasche zusammenstricken

In die Mittelmasche und davorliegende Masche zusammen vorn von links nach rechts einstechen.

Die 2 Maschen so auf die rechte Nadel übernehmen und die folgende Masche dann rechts stricken.

Mit der linken Nadel die 2 abgehobenen Maschen aufnehmen und über die gestrickte Masche ziehen.

Es wurden 2 Maschen abgenommen. Die gestrickte Masche bleibt immer als Mittelmasche glatt rechts.

Zum Formen der Spitze die Maschen in der Abkettrunde wie beschrieben zusammenstrikken.

Der spitze Ausschnitt

Beim spitzen Ausschnitt wird das Bündchen durch Abnahmen in der vorderen Mitte ausgeformt.
Je nach Art der Spitze werden 2 Maschen in jeder Runde oder in jeder zweiten Runde abgenommen.

Am schönsten sieht die Spitze aus, wenn aus der Mitte eines Bündchens – 1 Masche rechts, 1 Masche links gestrickt – eine rechte Masche heraufgeführt wird. Die links gezeigte Methode des Zusammenstrickens ist sehr einfach. Sie wird außerdem auch bei größeren Lochmustern oft verwendet.

— *Das eingestrickte Knopfloch* —

Viele Stricksachen benötigen Knopflöcher. Es gibt drei Arten: Das waagerechte und senkrechte Knopfloch, das meist für Jacken und Westen verwendet wird, und das runde Knopfloch, das sich für Babysachen und kleine Knöpfe eignet. Jedes Knopfloch sollte mit der Größe des Knopfes übereinstimmen. Zusätzlich kann das eingestrickte Knopfloch zur Verstärkung noch mit Schrägstichen umnäht werden.

Waagerechtes Knopfloch

Die der Knopfgröße entsprechende Anzahl Maschen abketten und in der nächsten Reihe die gleiche Maschenanzahl über den vorher abgeketteten wieder anschlagen.

Senkrechtes Knopfloch

Die Arbeit wird am unteren Ende des Knopfloches geteilt und eine Seite bis zur entsprechenden Höhe fertiggestellt.

Mit einem neuen Faden die zweite Seite hochstricken. Dann wieder über die volle Breite arbeiten.

Rundes Knopfloch

Dies ist die einfachste und schnellste Methode, ein Knopfloch zu arbeiten. An der gewünschten Stelle einen Umschlag machen, dann zwei Maschen zusammenstricken. In der Rückreihe den Umschlag als Masche abstricken.

Knopfloch schürzen

Die Ränder der doppelten Knopflöcher mit Überwendstichen zusammennähen, dabei nur 1 Maschenglied der unteren und oberen Randmasche auffassen.

Die Blende am Revers

Maschen aufnehmen für Umschlagkragen

Bei anzustrickenden Kragenblenden werden die Maschen ab Umschlag von der linken Seite aufgenommen.

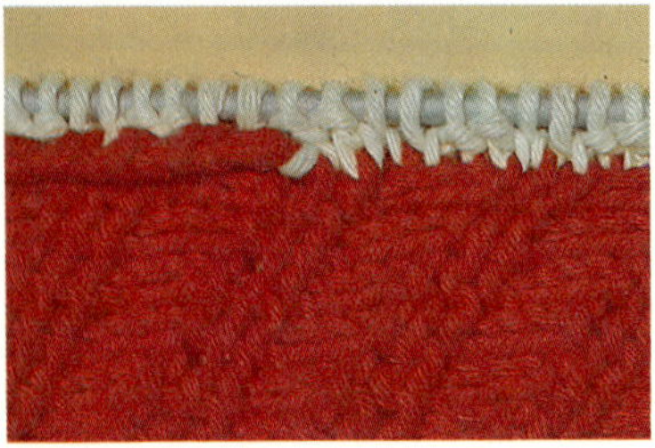

Nach Kragenende die Maschen wieder von der Oberseite aufnehmen. Über alle Maschen normal im Bündchenmuster strikken.

Die fertige Blende. Bei dem umgeschlagenen Kragen liegt die Aufnahmelinie der Blende nun auf der Oberseite.

So nähen Sie einfache Blenden an

Vor dem Aufnähen die Blende mit der Anschlag- oder Abkettreihe gerade auf die Oberseite heften.

Anschließend die Blende mit gleichmäßigen Steppstichen auf der Oberseite annähen.

Doppelte Blenden

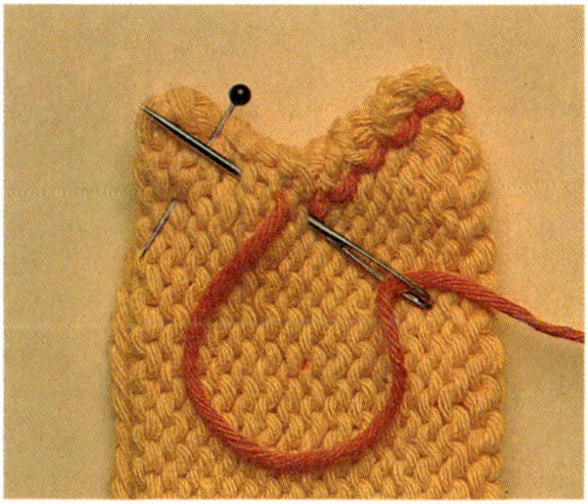

Die Blendenteile von links mit Steppstichen zusammennähen. Die Spitze dabei ausformen.

Dicht neben der Abkettreihe die Blende auf der Vorderseite mit Steppstichen aufnähen.

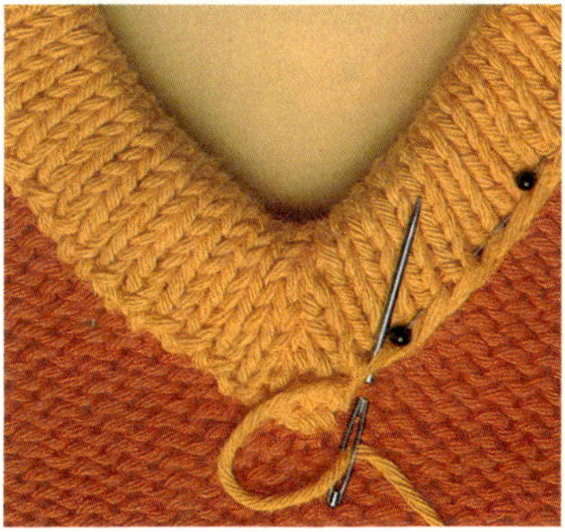

Die Blende nach links umschlagen und die Anschlagreihe mit Überwendlichstichen annähen.

Mohair-Damenpullover

Größe
38/40

Material
Tiber-Wolle, Qualität Doux Mohair, 50 g in Beige Nr. 34, 100 g in Kamelhaar Nr. 141, 150 g in Natur Nr. 49. Qualität Tweed Mohair, 200 g in Beigemeliert Nr. 102. Je 1 Paar Stricknadeln Nr. 5 und 6. 1 Nadelspiel Nr. 5.

Grundmuster
Glatt rechts = 1 R rechts, 1 R links.

Bündchenmuster
Abwechselnd 1 M rechts, 1 M links.

Maschenprobe
Die Arbeit wird mit 2 Fäden gestrickt. 14 M und 20 R im Grundmuster mit 1 Faden Tweed Mohair und 1 Faden Doux Mohair = 10 x 10 cm.

Arbeitsanleitung

Rücken
Mit Nadeln Nr. 5 und doppeltgenommenem Faden in Natur 54 M anschlagen und 6 cm im Bündchenmuster stricken. Mit Nadeln Nr. 6 und einem Faden beigemeliert und einem Faden natur in glatt rechts weiterarbeiten. Alle 4 R an jeder Seite 4 x 1 M zunehmen = 62 M. Geradeaus weiterarbeiten, indem die Streifen wie folgt eingearbeitet werden:
1 Streifen von 18,5 cm in Beigemeliert und Natur, 1 Streifen von 18,5 cm in Beigemeliert und Kamelhaar. 1 Streifen von 18,5 cm in Beigemeliert und Beige.
Bei 41 cm Gesamthöhe den Raglanausschnitt beginnen, indem an jeder Seite alle 2 R 17 x 1 M abgenommen wird. Bei 60 cm Gesamthöhe die 28 mittleren M ruhen lassen.

Vorderteil
Genauso wie Rückenteil arbeiten.

Ärmel
Mit Nadeln Nr. 5 und doppeltgenommenem Faden 38 M in Natur anschlagen und 9 cm im Bündchenmuster stricken.
Mit Nadeln Nr. 6 in glatt rechts weiterstricken, indem an jeder Seite alle 4 R 8 x 1 M zugenommen wird. Geradeaus weiterarbeiten (man erhält 54 M).
Bei 41 cm Gesamthöhe den Raglanausschnitt beginnen, indem an jeder Seite alle 2 R 17 x 1 M abgenommen wird.
Bei 63 cm Gesamthöhe die 20 restlichen M ruhenlassen. Den zweiten Ärmel ebenso arbeiten.

Fertigstellung
Die Strickteile leicht dämpfen und zusammenarbeiten.

Halsausschnitt
Die 96 ruhengelassenen M mit dem Nadelspiel aufnehmen und in Natur mit doppeltgenommenem Faden im Bündchenmuster stricken. Gleich in der ersten R, gleichmäßig auf die Reihe verteilt, 18 Abnahmen arbeiten (dafür * 3 M stricken, dann 2 M zusammenstricken *) (man erhält 78 M).
Nach 3 cm im Bündchenmuster alle Maschen gleichmäßig und locker abketten.

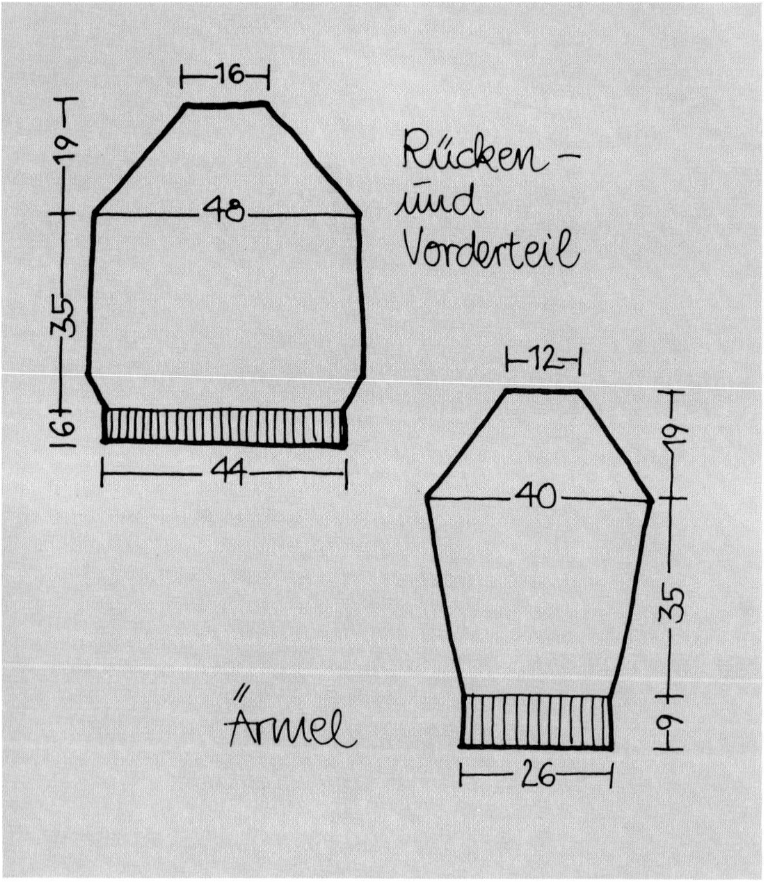

Das Stricken von Abnähern

Für die 1. Abnahme die in der Anleitung angegebene Masche mit der Masche davor rechts zusammenstricken.

Für die 2. Abnahme darüber 2 Maschen rechts überzogen zusammenstricken = 1 Masche abheben, 1 Masche stricken, die abgehobene Masche darüberziehen.

Für die Zunahmen im gleichmäßigen Reihenabstand abwechselnd vor und nach der genannten Masche 1 Masche verschränkt aus dem Querdraht zunehmen.

Wade, Hacke und Spitze beim Strumpf

Waden-Abnahmen: Die letzten 2 M der 4. Nadel verschränkt, die ersten 2 M der 1. Nadel normal nach dem Muster zusammenstricken. Anzahl der Abnahmen wie angegeben.

Zum Beginn der **Ferse** die Maschenzahl der 1. und 4. Nadel gleichmäßig verteilen. Die Maschen der 2. und 3. Nadel ruhenlassen und die Ferse in offenen Reihen glatt rechts (Hinreihe rechte Maschen, Rückreihe linke Maschen) mit Kettrandmasche 5 cm geradeaus stricken.

Für ein dreiteiliges **Käppchen** die M in 3 Teile teilen. Nun das 1. Drittel ganz, das 2. Drittel bis auf die letzte M rechts abstricken. Diese M mit der 1. M des letzten Drittels rechts verschränkt zusammenstricken, wenden, die 1. Masche abheben, links weiterstricken und die letzte Masche der Mitte mit der 1. Masche des ersten Drittels links zusammenstricken, wenden, die 1. Masche abheben, weiter die jeweils letzte

Masche der Mitte mit der 1. Masche der Seite wie beschrieben zusammenstricken, bis die Maschen aufgebraucht sind.

Zu den restlichen Käppchen-Maschen aus den Randmaschen der Ferse die gegebene Anzahl Maschen aufnehmen und wieder in Runden stricken. Dabei in der 1. Runde die neu aufgefaßten Maschen rechts verschränkt, später rechts stricken, die Fußblattmaschen weiter im Grundmuster stricken.

Nach 2 Rd mit den **Spickelabnahmen** beginnen. Dafür die zweit- und drittletzte M der 1. Nadel rechts, die 2. und 3. M der 4. Nadel rechts verschränkt zusammenstricken. Diese Abnahmen in jeder 2. Rd wiederholen, bis die gleiche Maschenzahl wie vor Beginn der Ferse vorhanden ist.

Mit der erhaltenen Maschenzahl bis zur Höhe des kleinen Zehs (anprobieren!) geradeaus stricken und dann mit den **Abnahmen für die Spitze** beginnen. Dafür zuerst in jeder 2. Runde, später in jeder Runde die zweit- und drittletzte Masche der 1. und 3. Nadel rechts, die 2. und 3. Masche der 2. und 4. Nadel rechts verschränkt zusammenstricken.

Die restlichen 8 Maschen werden mit dem Arbeitsfaden zusammengezogen.

Den Faden anschließend sauber vernähen.

Zweiteiliges Strickkleid

Größe
38/40

Material
Wagenfelder Wolle, Qualität Cosmea, 450 g in Pink Nr. 9739 (300 g für den Rock), je 50 g in Flieder Nr. 9734 und Weiß Nr. 9745. 1 Rundstricknadel Nr. 3½, 1 Paar Stricknadeln Nr. 3½, 1 Hilfsnadel.

Grundmuster
Glatt rechts, glatt links, kraus rechts.

Maschenprobe
18 M und 30 R = 10 x 10 cm.

Arbeitsanleitung

Rock
Der Rock wird von oben in Runden gestrickt. Fadenenden doppelt verstricken, so daß der Rock beidseitig getragen werden kann. – 128 M mit einer Rundnadel anschlagen und glatt rechts stricken, nach ca. 12 Rd einen Doppelsaum für Gummizug arbeiten (jede M mit einem Maschenglied der Anschlags-R zusammenstricken, kleine Öffnung für Gummi lassen). 1 Rd rechts, dann an 8 Stellen zunehmen: * 14 M stricken, 1 M verschränkt aus dem Querdraht zunehmen, 2 M stricken. 1 M verschränkt aus dem Querdraht zunehmen * im Wechsel. Die beiden M zwischen den Zunahmen markieren, beidseitig davon noch 7 x zunehmen, und zwar 5 x nach 7 cm, 2 x nach 9 cm = 256 M. Der Rock ist 70 cm lang. Bei 63 cm Länge mit der Kante beginnen: 4 Rd glatt links, 5 Rd rechts, 3 Rd links, 3 Rd rechts, 4 Rippen (= 8 R) kraus rechts in Rd (1 Rd rechts, 1 Rd links, im Wechsel) als Abschluß, damit die Kante sich nicht rollt, locker abketten. 2 cm breites Gummiband in Taillenweite einziehen. Rock zum Oberteil mit der linken Seite nach außen tragen.

Oberteil
Streifenfolge: je 4 R pink, flieder, weiß im Wechsel.
In glatt links über 60 M einen 92 cm langen Schrägstreifen in Streifenfolge stricken: In jeder 2. R am Reihenbeginn 1 M verschränkt aus dem Querdraht zunehmen, am Reihenende 2 M zusammenstricken. M nicht abketten, sondern im Maschenstich auf die Anschlagskante nähen. Naht in den Rücken verlegen. Aus dem unteren Rand M herausstricken (3 M aus 2 Rand-M) und in Pink 10 Rippen kraus rechts stricken, locker abketten.

Aus der Hälfte des oberen Randes 61 M in Pink aufnehmen und glatt links die Rückenpasse strikken, dafür in jeder 2. R beidseitig 1 x 1, 3 x 3 M zunehmen = 81 M. Gerade hoch bis 17 cm Passenhöhe, dann für den Halsausschnitt die mittelsten 11, seitlich noch 1 x 3, 5 x 1 M abketten. Gerade hochstricken, bis die Ärmelkante 20 cm hoch ist = 23 cm Passenhöhe. M auf Hilfsnadel legen. Vordere Passe ebenso bis zur Höhe von 4 cm stricken, dann für den Ausschnitt die mittleren 11 M und beidseitig noch 1 x 3 und 2 x 2, 1 x 1 M abketten, gerade hochstricken bis Schulterhöhe. M der Vorder- und Rückenpasse im Maschenstich gegeneinandernähen.

Fertigstellung
Teile nach Schnitt spannen, anfeuchten und trocknen lassen. Aus dem Halsausschnitt in Pink M aufnehmen und je 2 Rippen kraus rechts in Pink, Flieder und Weiß in Runden stricken, abketten. Ärmelnaht schließen. Von der Schulterhöhe aus in Pink aus jeder Rand-M 1 M aufnehmen und 5 cm kraus rechts in **Reihen** anstricken, abketten.

Die anscheinenden Differenzen zwischen Maschenprobe und Schnittmaßen ergeben sich aus den verschiedenen Strickrichtungen und -arten. Das Modell ist sehr dehnbar und sitzt gut.

Taillenweite Rock:	ca. 70 cm, sehr dehnbar
Rocklänge:	ca. 70 cm
Saumweite:	ca. 1,40 m

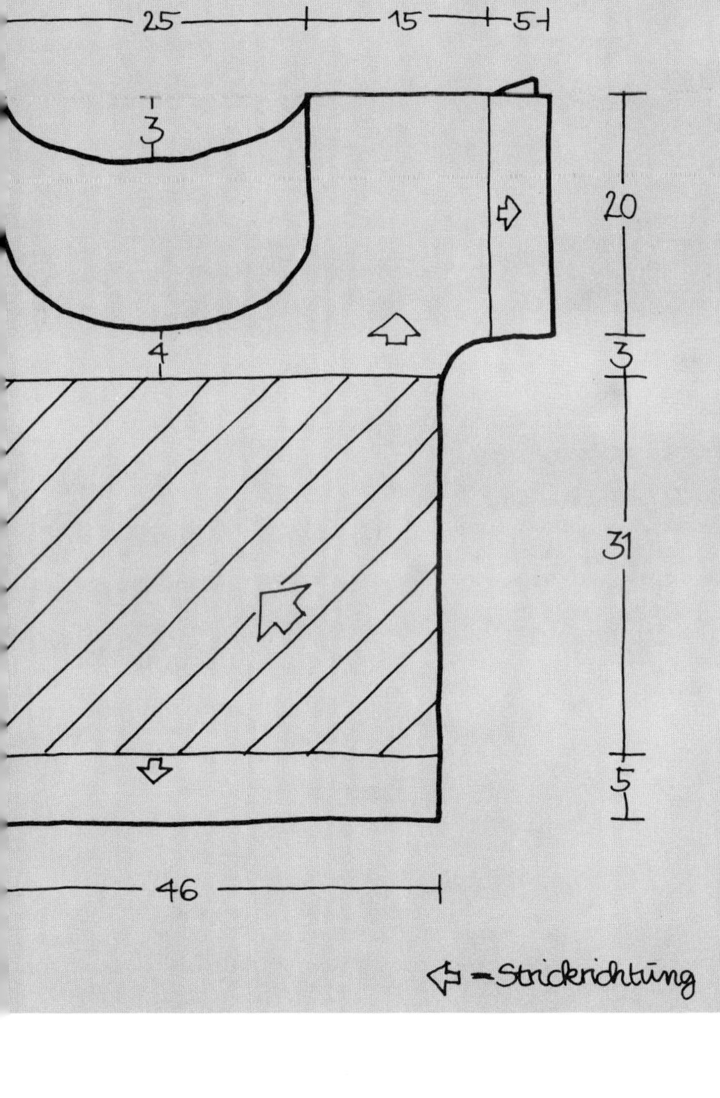

— Der Daumen beim Fäustling —

Wenn Sie den Daumen arbeiten, legen Sie beim linken Handschuh am Ende der zweiten Nadel entsprechend Maschen auf eine Sicherheitsnadel still. Für den Daumen des rechten Handschuhs sind es die ersten Maschen der 3. Nadel. (Rundenwechsel und Farbwechsel immer an der Handkante.)

Mit einem Hilfsfaden in einer anderen Farbe schlagen Sie über den stillgelegten Maschen entsprechend Maschen neu an.

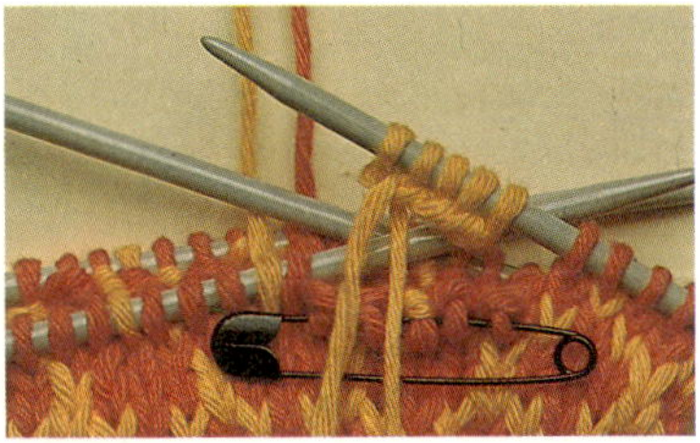

Zuerst stricken Sie den Handschuh fertig. Dann nehmen Sie die stillgelegten Daumenmaschen wieder auf eine Nadel. Nehmen Sie außerdem zusätzlich davor und danach noch je eine Masche verschränkt aus dem Maschenquerdraht auf.

Danach nehmen Sie mit einer Nadel über dem abgestrickten Hilfsfaden Maschen wieder auf…

…und lösen dann den Hilfsfaden heraus, so daß die Maschen frei auf der Nadel liegen.

Die nun vorhandenen Daumenmaschen auf drei Nadeln verteilen und in vorgeschriebener Länge stricken. Dann nehmen Sie die M auf 2 Nadeln und strikken für die Spitze in jeder Runde die ersten 2 Maschen jeder Nadel rechts verschränkt, die letzten 2 Maschen rechts zusammen.

Fingerhandschuhe

Für Fingerhandschuhe in der Damen-Normalgröße 6½–7 werden bei Nadelstärke 2½–3 mit normaler Sportwolle 44–48 Maschen angeschlagen. Man strickt zuerst das Bündchen im Rippenmuster, dann 2–4 Runden im Grundmuster glatt rechts bis zum Beginn des Daumenspikkels.

Der Daumenspickel wird um eine Masche in die Handinnenfläche verlegt. Hier eine Masche rechts verschränkt aus dem Maschendraht zunehmen.

Für die weiteren Zunahmen zuerst vor der 1. Spickel-Masche 1 Masche zunehmen, 1 Masche stricken, dann wieder 1 Masche zunehmen. So weiter die Zunahmen nach außen versetzen, bis der Spickel etwa ein Drittel der Anfangs-Maschen zählt. Bei 44 sind es 13 Maschen, bei 48 = 15 Maschen. Es bleibt immer eine ungerade Maschenzahl zwischen den Zunahmestellen.

Nach Beendigung des Spickels noch 2–3 Runden über alle Maschen stricken und dann die Spickel-Maschen auf einer Sicherheitsnadel stillegen. Über der Öffnung werden 5 Maschen mit einem Hilfsfaden neu angeschlagen und in jeder 2. Runde in Spickelform wieder abgenommen. Es bleibt 1 Masche übrig = 45 oder 49 Maschen.

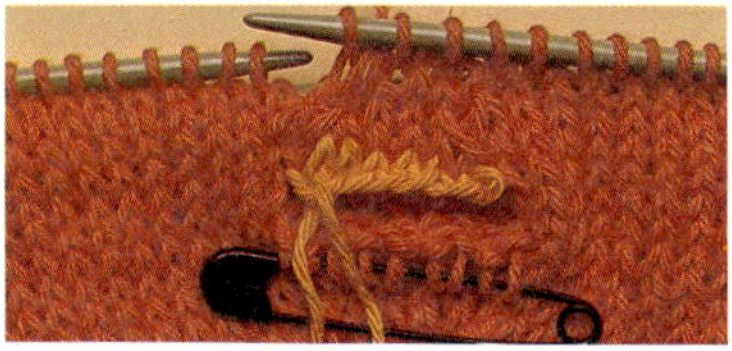

Nach insgesamt 46 Grundmuster-Runden beginnt der **kleine Finger.** Man nimmt dafür ein Viertel des Maschenanschlags + 1 Masche vom Handrücken. Dazu werden mit einem Hilfsfaden 2 Maschen für den Steg angeschlagen. Mit den so vorhandenen Maschen geradeaus stricken und für die Spitze dann in jeder Runde die ersten 2 M jeder Nadel rechts verschränkt zusammenstricken. Die restlichen 3 M zusammenziehen.

Den Hilfsfaden aus den Stegmaschen herauslösen und über alle Maschen 2 Runden stricken. Dann für den **Ringfinger** von Handrücken und -innenfläche 1 Masche weniger aufnehmen, als ein Viertel des Maschenanschlags ausmacht. Dazu kommen die 2 Maschen vom Steg des kleinen Fingers + 2 neu angeschlagene Stegmaschen. Das gleiche gilt für den **Mittelfinger.** Mit den restlichen Maschen dann den Zeigefinger stricken.

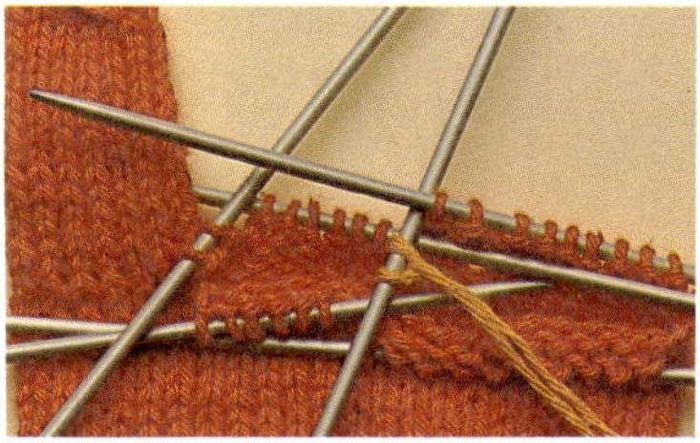

Zum Schluß den **Daumen** stricken. Dafür die stillgelegten Spikkel-Maschen wieder aufnehmen. Den Hilfsfaden aus den neu angeschlagenen Maschen herauslösen und über alle Maschen stricken. Dabei werden die neu angeschlagenen Maschen wieder abgenommen.

— Verbinden zweier Strickteile —

Bei Glatt-Rechts-Gestrick

Von der oberen Nadel 2 Maschen nehmen. Die 1. von oben nach unten, die 2. von unten nach oben einstechend aufnehmen.

Von der unteren Nadel ebenfalls 2 Maschen abnehmen und in beide Maschen wie bei oberer Nadel beschrieben einstechen.

Arbeitsgang von Foto 1 und 2 wiederholen. Dabei in jede Masche immer zweimal einstechen. Faden gleichmäßig anziehen.

Bei Rechts-Links-Gestrick

Von jedem Teil die rechten und linken Maschen getrennt auf Stricknadeln übernehmen.

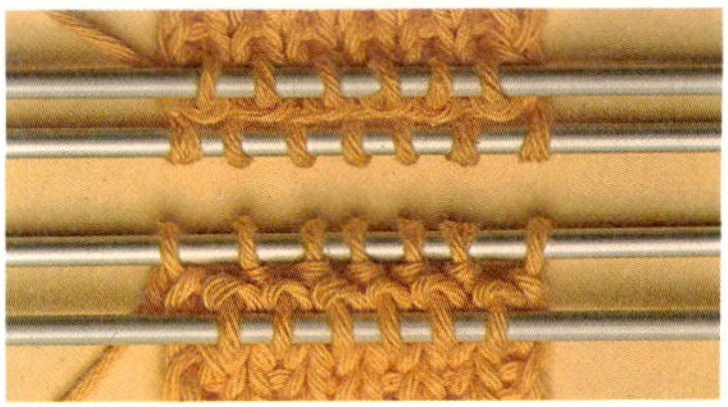

Zuerst die eine Seite der Arbeit mit den rechten Maschen im Maschenstich verbinden.

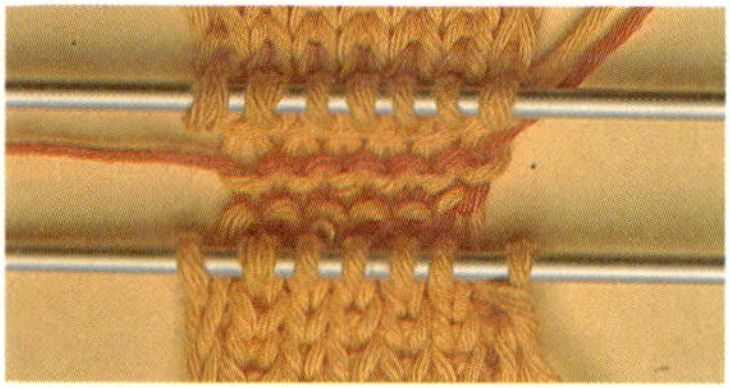

Die Arbeit wenden und die nun ebenfalls rechten Maschen im Maschenstich verbinden.

Hier die fertige Arbeit. Die Restfäden zum Schluß unsichtbar im Gestrick vernähen.

Nahtverbindungen

Bei krausgestrickten Teilen
Von rechts zusammennähen: Beim rechten Teil in der Masche neben dem Rand ausstechen. In gleicher Höhe beim linken Teil ein- und 2 Rippen tiefer wieder ausstechen.

In gleicher Höhe beim rechten Teil wieder einstechen und 1 Rippe höher darüber wieder ausstechen. Den Arbeitsgang von Foto 1 und 2 wiederholen.

Bei rechtsgestrickten Teilen
Bei glattem Gestrick kann man die Nähte von rechts im Maschenstich schließen: Die 2 gegenüberliegenden Maschenglieder auffassen; den Faden durchziehen.

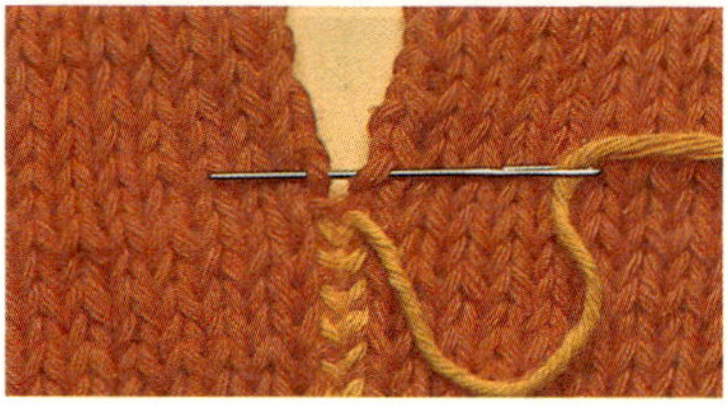

Unter dem querliegenden Faden des vorhergehenden Stiches hindurch- und in der so gebildeten Masche wieder ausstechen. Ab Foto 1 wiederholen.

Reißverschluß einnähen

Bei angestrickten Belegen wird im Linksmaschen-Gestrick für den Bruch eine rechte Masche gearbeitet.

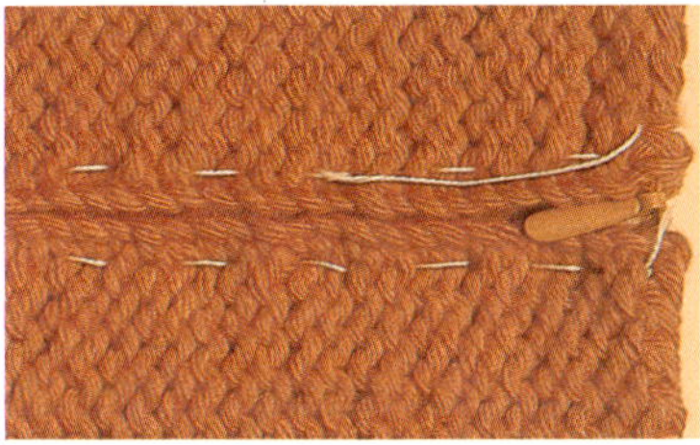

Danach Gestrick und Reißverschluß durchheften, damit sich beim Nähen das Gestrick nicht verschiebt.

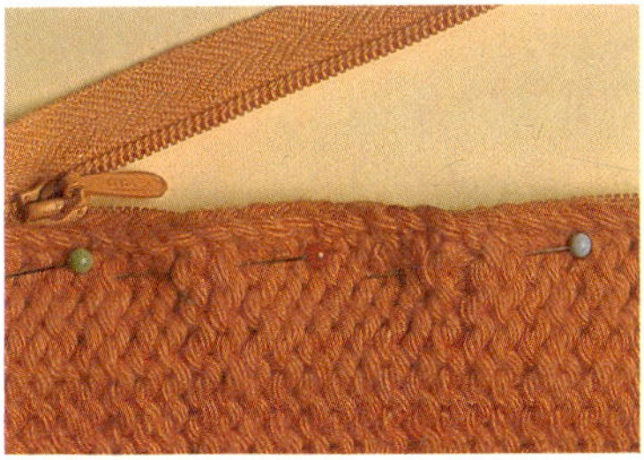

Den Beleg im Bruch nach links umbiegen und den Reißverschluß zuerst mit Stecknadeln gleichmäßig befestigen.

Zum Schluß den Reißverschluß dicht neben der Bruchmasche mit Rückstichen sorgfältig annähen.

Strickmantel

Größe 38

Modellmaße
Länge 111 cm, ganze Weite 114 cm.

Material
HEC-Wolle, Qualität aarlan wolle-alpaca, 1150 g in Beige Nr. 1642. Je ein Paar Stricknadeln Nr. 5 und Nr. 5½–6.

Strickmuster I
Mit Nadeln Nr. 5: 1 M rechts, 1 M links.

Strickmuster II
Mit Nadeln Nr. 5½–6: 1 M rechts, 1 M links und stets nach 2 R das Muster versetzen. Nach dem Anschlag beginnt die 1. R auf der Rückseite mit Randm, 1 M links, 1 M rechts, dann gleich in der folgenden R das Muster erstmals versetzen und weiter jede 2. R.

Strickmuster III
Mit Nadeln Nr. 5½–6 nach der Strickschrift über 13 M und 20 R stricken. Die Strickschrift zeigt die Vorderseite. Auf der Rückseite links auf links, rechts auf rechts arbeiten.

Maschenprobe
8 M und 11 R im Muster II und III = 5 cm Breite und Höhe. Je nach Ergebnis Nadeln Nr. 5½ oder 6 verwenden.

Rücken
93 M anschlagen. Im Muster II arbeiten. Nach der 7. R auf der Vorderseite wie folgt einteilen: Randm, * 13 M im Muster II, 13 M im Muster III arbeiten, ab * wiederholen. Wenn das Muster III 20 R hoch ist, die Strickflächen versetzen, dabei nach der Randm und 13 M das Muster II mit 1 M links, 1 M rechts beginnen. Wieder nach 20 R die Strickflächen versetzen, dabei jeweils beim Muster II mit 1 M rechts, 1 M links beginnen. In gleicher Weise fortlaufend nach je 20 R das Muster versetzen. Ca. 111 cm ab Anschlag, wenn die Muster III 20 R hoch sind, alle M abketten, dabei die mittleren 25 M für den Halsausschnitt mit einem Faden markieren.

Vorderteil
2 gegengleiche Teile anfertigen. Anschlag für ein Teil 49 M. Im Muster II arbeiten. Nach der 7. R an der vorderen Kante fortlaufend innerhalb der Randm 8 M im Muster II arbeiten, dann 13 M im Muster III, 13 M im Muster II und 13 M im Muster III stricken. Das Muster an den gleichen Stellen versetzen wie am Rückenteil.

Wenn die Achselhöhe erreicht ist, für den Halsausschnitt 15 M auf eine Hilfsnadel legen und die übrigen 34 M abketten.

Rechter Ärmel
Anschlag 46 M. Im Muster I arbeiten. Nach 7 cm verteilt in einer R 8 M aufnehmen und nach der Randm abwechselnd 13 M Muster II, 13 M Muster III stricken. An beiden Kanten 14 x alle 3 cm 1 M aufnehmen, dabei stets nach 20 R das Muster versetzen. Ca. 52 cm ab Anschlag, nach 20 Mustern alle 82 M abketten.

Linker Ärmel
Wie den rechten Ärmel arbeiten, jedoch die Strickfläche versetzt zum rechten Ärmel arbeiten = nach der Randm zuerst 13 M im Muster III stricken.

Fertigstellung
Die Nähte schließen, dabei die Seitennähte entsprechend der Ärmelweite offenlassen. Am Ausschnitt des Rückenteils mit einem separaten Faden 23 M auffassen.
Nun zu den aufgefaßten M beidseitig die 15 M des Vorderteils dazunehmen.
Über alle M 12 R im Muster II stricken, dabei mit der letzten Nadel gleichzeitig locker abketten. Die Ärmel einsetzen.

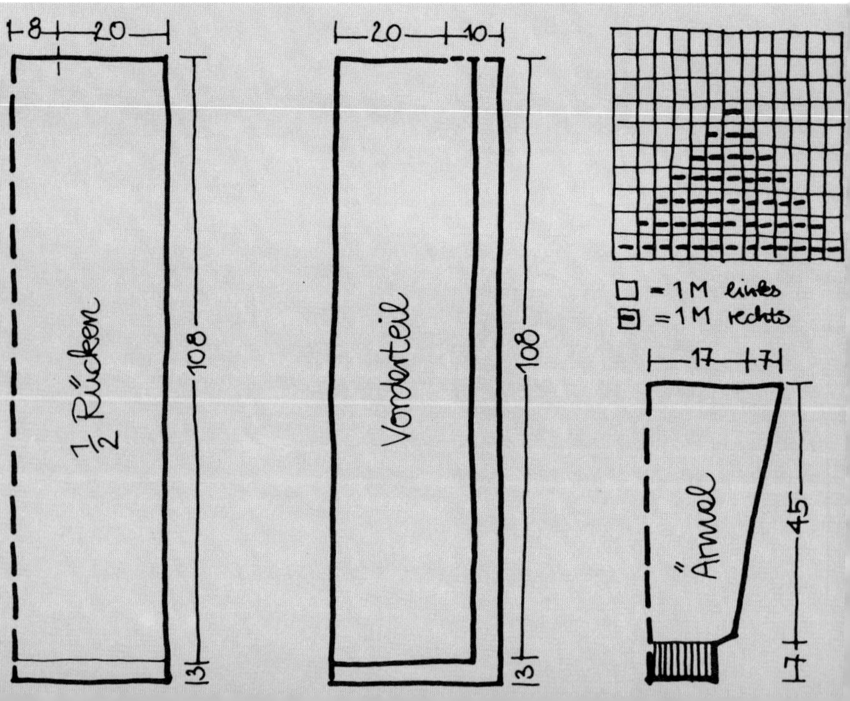

Tasche mit losem Taschenbeutel

Zu Beginn des Taschenbeutels beidseitig davon die in der Arbeitsanleitung angegebene Zahl von Grundmuster-Maschen stillegen.

Weiter über alle Vorderteil-Maschen im Grundmuster strikken. Die Seiten des Taschenbeutels noch nicht zusammennähen.

Die Maschen vom Taschenbeutel in der vorgeschriebenen Länge glatt rechts geradeaus stricken, zur Hälfte zusammenlegen und die Maschen der Arbeit wieder einfügen.

Damit die Tascheneingriffskante mehr Halt bekommt, wird sie in ca. 1 cm Abstand mit Steppstichen durchgenäht. Dann erst die Seitennähte des Taschenbeutels schließen.

– Damenjacke mit runder Passe –

(Abbildung Seite 109)

Größe
38/40

Material
Wagenfelder Wolle, Qualität Arlberg, 700 g in Dunkelblau Nr. 1252, je 100 g in Rosenholz Nr. 1256, Dunkelblau Nr. 1251 und Hellgrau Nr. 1257. 1 Rundstricknadel Nr. 6. Knöpfe.

Grundmuster
kraus rechts.

Streifenmuster
kraus rechts 2farbig mit tiefgestochenen M. Kontrastfarbe:
1. Reihe: 1 M rechts, dabei in die M der vorletzten R einstechen, 1 M rechts im Wechsel
2. Reihe: Kontrastfarbe, rechts
3. Reihe: Grundfarbe, 1 M rechts, 1 tiefgestochene M (s. oben) im Wechsel
4. Reihe: Grundfarbe, rechts
1.–4. Reihe laut Anleitung wiederholen.

Maschenprobe
11 M und 23 R = 10 x 10 cm.

Arbeitsanleitung

Rücken
56 M in Grundfarbe anschlagen und 4 Rippen (= 7 R) kraus rechts stricken, dann Streifenmuster: 3 Streifenfolgen rosenholz, 2 taubenblau, dann 4 R kraus rechts in Dunkelblau, 1 Streifenfolge hellgrau. – Es folgen 4 x je 12 R kraus rechts in Grundfarbe und 1 Streifenmuster, dieses abwechselnd in Taubenblau und Hellgrau stricken. (Bitte beachten, daß die beiden dunkelblauen R nach dem Streifen noch zur Musterfolge zählen, erst nach diesen 12 R kraus rechts stricken!) Nach dem letzten hellgrauen Streifen 4 R kraus rechts in Grundfarbe stricken, dann für den Raglan beidseitig 5 x in jeder 2. R je 1 M abketten = 46 M, diese stillegen.

Rechtes Vorderteil
Über 28 M stricken, Muster- und Farbeinteilung dem Rücken entsprechend, Raglan nur an der linken Seite ausführen.
Für die Tasche in der 5. R nach dem 1. taubenblauen Streifen (in ca. 22 cm Höhe) die 13.–28. M abketten und dafür einen über 18 M und 15 cm Höhe gestrickten glatt linken Taschenbeutel einfügen, bei dem in der letzten R an der rechten Kante 2 M abgekettet wurden. Mustergetreu über alle M weiterstricken. Nach dem Raglan restliche 23 M stillegen. –

Linkes Vorderteil gegengleich arbeiten.

Ärmel

Über 36 M stricken. Nach 4 Rippen Grundfarbe folgen 3 Streifen rosenholz, 1 taubenblau, 1 hellgrau hintereinander, dann mit den gleichen Abständen wie am Rumpf 4 mustergetreue Farbstreifen.

Raglan wie am Rücken, er beginnt ebenfalls in der 5. R nach dem 4. einzelnen Streifen. Restliche 26 M stillegen.

Passe

Seiten- und Ärmelnähte schließen, um die Jacke schon während des Passestrickens probieren zu können. Raglannähte noch offenlassen. Alle Teile auf der Rundnadel vereinen und in R stricken. Mit einem rosenholzfarbenen Streifen beginnen, dabei in der 1. R die M der Anstoßstel-

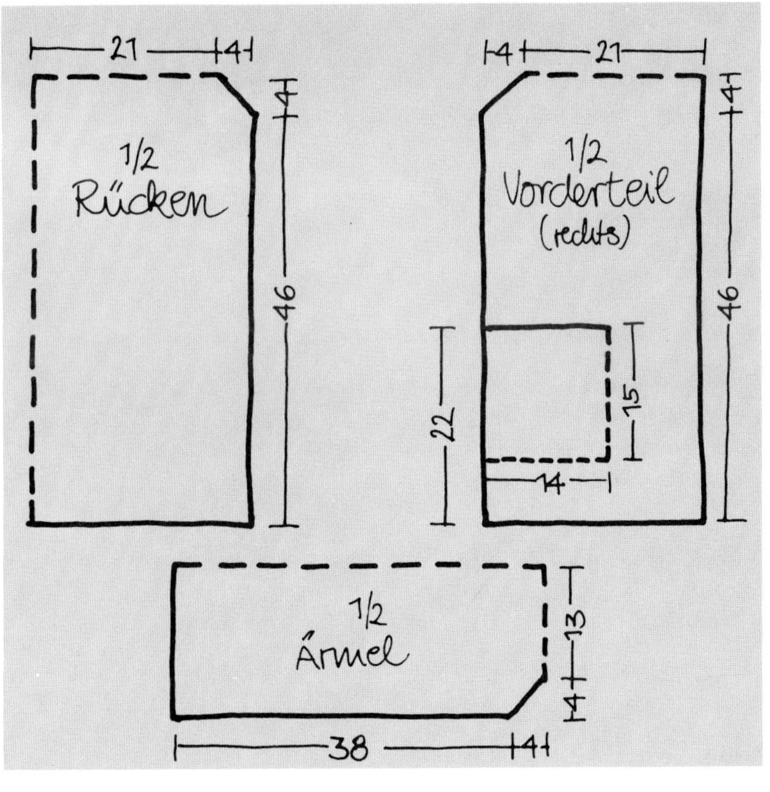

len von Ärmeln und Rumpf zusammenstricken = 4 Abnahmen. Über 144 M die Passe beginnen:

1.–12. R: 3 x Musterfolge mit rosenholzfarbenem Streifen

13. R: Grundfarbe, dabei jede 3. und 4. M zusammenstricken

14.–16. R: rechts in Grundfarbe

17.–24. R: 2 x Musterfolge mit taubenblau

25. R: wie 13. R, letzte Abnahme nicht direkt am Rand

26.–30. R: rechts in Grundfarbe

31.–34. R: 1 Musterfolge mit hellgrau

35. R: wie 25. R

36.–40. R: rechts in Grundfarbe

41.–44. R: 1 Musterfolge in Rosenholz

43. R: letzte Abnahme-R, ca. jede 4. und 5. M zusammenstricken, so daß 48 M übrigbleiben.

Über diese M noch 3–4 Rippen kraus rechts in Grundfarbe stricken und abketten.

Fertigstellung

Fäden vernähen, Raglannähte schließen, Taschenbeutel ansäumen. Entlang der Vorderkante M in Grundfarbe aufnehmen und 5 R kraus rechts stricken, abketten. Nach Belieben Knopfschlingen und Knöpfe anbringen.

— Lange Blockstreifen-Weste —

(Abbildung Seite 109)

Größe 38–40

Material
Wagenfelder Wolle, Qualität Arlberg, je 300 g in Hellblau Nr. 1251, Rosa Nr. 1256 und Dunkelblau Nr. 1252. 1 Paar Stricknadeln Nr. 7. 1 Rundstricknadel.

Grundmuster
Glatt rechts = Hinr rechte M, Rückr linke M.

Farbfolge
12 R hellblau, 12 R rosa, 6 R dunkelblau.

Maschenprobe
11 M und 17 R = 10 x 10 cm.

Arbeitsanleitung

Rücken
58 M anschlagen. Für das Bündchen 14 R kraus rechts stricken (Hinr rechts, Rückr rechts). Anschließend in der Farbfolge im Grundmuster geradeaus stricken.
In 45 cm Gesamthöhe beidseitig 1 M abnehmen. Für die Ärmelverbreiterung in 70 cm Gesamthöhe zum erstenmal, nach jeweils 5 cm noch 2 x je 1 M beidseitig zunehmen.
Für die Schultern ab 85 cm Höhe beidseitig in jeder 2. R 4 x abwechselnd je 5 und je 6 M abketten.
Zugleich in 87 cm Höhe die mittleren 12 M abketten, beidseitig davon in jeder 2. R 1 x 2 und 1 x 1 M abketten.

Linkes Vorderteil
30 M anschlagen und für den Saum 14 R kraus rechts stricken. Seitliche Abnahme, Ärmelverbreiterung und Schulterschrägung wie beim Rücken arbeiten. Für die Taschenblende im zweiten schmalen dunkelblauen Streifen die 3.–19. M ab Seitennaht über 6 R kraus rechts stricken, in der letzten R diese Maschen abketten. Für die Taschenrückwand 19 M anschlagen und 1 x die Streifenfolge glatt rechts stricken, dann diese Maschen an Stelle der abgeketteten Maschen einfügen, dabei in der nächsten R die aneinandertreffenden Maschen zusammenstricken.
Für den Halsausschnitt in 79 cm Gesamthöhe in jeder 2. R 1 x 3, 1 x 2 und 5 x 1 M abketten.

Rechtes Vorderteil
Gegengleich arbeiten.

Fertigstellung

Seiten- und Schulternähte schließen, Taschenrückwände gegennähen.

Aus den Vorderkanten und dem Halsrand mit der Rundstricknadel M auffassen, und zwar mit dunkelblauer Wolle auch aus jeder Randm 1 M. Dann 3 R kraus rechts stricken, in der 3. R alle M abketten. Die Armausschnittblenden ebenso arbeiten.

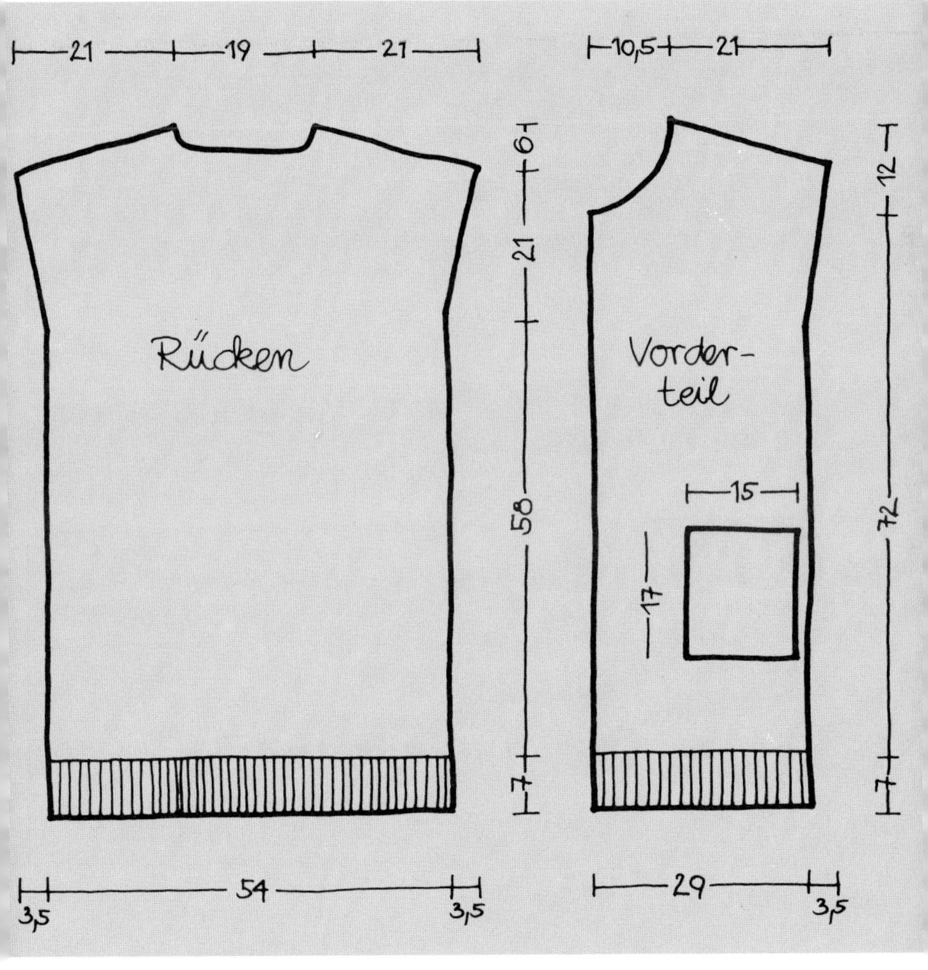

– Gestreiftes Kapuzenmäntelchen –

(Abbildung Seite 109)

Größe 134

Material
Wagenfelder Wolle, Qualität Arlberg, 400 g in Dunkelblau Nr. 1252, 200 g in Taubenblau Nr. 1251, 200 g in Dunkelrosé Nr. 1256 und 100 g in Hellgrau Nr. 1257. 1 Rundstricknadel Nr. 6. 5 Knöpfe.

Grundmuster
Glatt rechts = Hinr rechte M, Rückr linke M.

Bündchenmuster und Blenden
Abwechselnd 1 M rechts, 1 M links.

Streifenfolge
3 R taubenblau, 1 R grau, 4 R dunkelrosé, 6 R dunkelblau im Wechsel.

Maschenprobe
12 M und 17 R = 10 x 10 cm.

Arbeitsanleitung

Der Mantel wird quer bis zur Rükkenmitte gestrickt, beide Mantelhälften werden in der hinteren Mitte im Maschenstich verbunden.

Linke Mantelhälfte
Für den Ärmel 32 M anschlagen und 7 R im Bündchenmuster, dann Streifenfolge im Grundmuster stricken. Nach dem 4. Roséstreifen für das Vorderteil in Dunkelblau 44 M anschlagen, dazu den Ärmel abstricken und noch 44 M für den Rücken anschlagen, dann in Streifenfolge über alle M weiterstricken. Nach dem 2. grauen Streifen des Rumpfes für den Ausschnitt die Arbeit nach der 60. M teilen und zunächst den Rücken stricken: In den ersten beiden Hinr je 1 M abketten, dann geradeaus, nach dem taubenblauen Streifen die M stillegen. Am Vorderteil 1 x 2, 3 x 1 M in jeder 2. R abketten. Der dunkelblaue Streifen ist nur 4 R breit, dann in der selben Farbe noch 6 R Blendenmuster strikken, dabei am unteren Rand in der 1. R 5 M neu anschlagen (s. Skizze). In der 7. R alle M abketten.

Rechte Mantelhälfte
Gegengleich stricken, den Rükken mit 2 R taubenblau beenden, dann im Maschenstich mit der linken Mantelhälfte verbinden. In die Vorderblende 5 Knopflöcher über 2 M in der 3. R einarbeiten, das erste über die 3. und 4. M

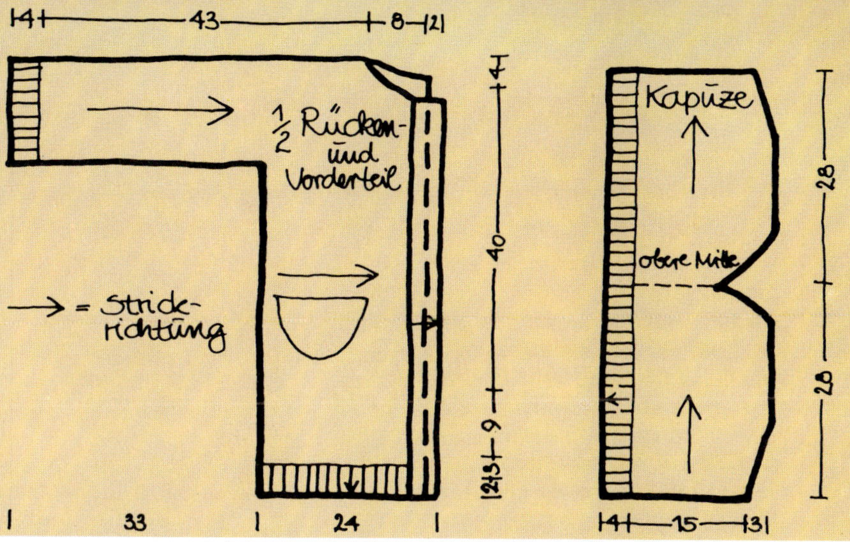

vom Halsausschnitt entfernt, 4 weitere im Abstand von je 7 M. Knopflöcher mit geteiltem Faden umstechen.

Kapuze

In Streifenfolge stricken. In Dunkelblau 18 M anschlagen, dann in jeder 6. R 4 x 1 M am rechten Rand zunehmen. Zu Beginn des 3. Roséstreifens rechts 1 M abnehmen, in der 4. folgenden R ebenfalls, dann noch 3 x 1 M in jeder 2. R. Nach dem 4. blaugrauen Streifen ist die obere Mitte erreicht, von nun an die Kapuze gegengleich zu Ende stricken: Mit 3 R taubenblau beginnen, alle Abnahmen sind jetzt Zunahmen und umgekehrt. Fäden vernähen, Mützennaht schließen. Aus dem vorderen Rand 77 M herausstricken (evtl. mit Nadel Nr. 5) und 5 R dunkelblaue Blende anstricken, in der 6. R alle M abketten. Den Halsrand so ansetzen, daß die Knopfblenden freibleiben.

Fertigstellung

Seiten- und Ärmelnähte schließen. Aus dem unteren Rand in Dunkelblau je 3 M aus 2 Randm herausstricken und 5 R Blende anstricken, in der 6. R alle M abketten. Schmalseiten entlang der überstehenden Vorderblende befestigen. Knöpfe annähen. – Für die Taschen in Dunkelblau 15 M anschlagen, 3 R Blendenmuster, dann glatt rechts stricken. In der 11. R beidseitig 1 M, in der 4. folgenden R beginnend 3 x 1 M in jeder 2. R abketten, restliche M auf einmal. Taschen in Hüfthöhe aufsteppen, seitlich mit dem dunkelblauen Streifen abschließen.

— Fertigstellen eines Strickstücks —

Genauso wichtig wie das sorgfältige Stricken ist die Fertigstellung. Damit Ihr Strickstück auch gut aussieht!
Stecken Sie die fertig gestrickten Teile auf eine dicke, nicht zu weiche Unterlage. Wenn Sie keinen originalgroßen Schnitt haben, spannen Sie die Teile sorgfältig nach den Maßen der Schnittverkleinerung. Die Teile dürfen dabei nicht verzogen werden.
Stecknadeln mit etwa 1 cm Abstand dicht am Rand senkrecht zur Außenlinie einstechen. Gerippte Bündchen werden nicht gespannt, sondern nur an der Ansatzlinie zum Grundmuster mit waagerecht liegenden Stecknadeln festgehalten.
Strickteile mit plastischen Mustern nur mit einem feuchten Tuch bedecken und trocknen lassen, glatte Muster vorsichtig dämpfen und vor dem Abnehmen auskühlen lassen.
Die Strickteile nach dem Zusammenstecken mit gleichmäßigen Stichen dicht neben der Randmasche zusammennähen. Zum Nähen verwenden Sie am besten das Material, aus dem das Strickstück angefertigt wurde.
Ist der Faden sehr dick, sollten Sie ihn zum Nähen teilen.

Fertiges Strickstück vor dem Zusammennähen mit der linken Seite nach oben auf Wolldecke spannen.

Danach das aufgespannte Teil mit einem feuchten Tuch bedekken, trocknen lassen oder leicht dämpfen.

Die Teile rechts auf rechts legen und die Nahtseiten mit Stecknadeln zusammenstecken, dann nähen.

Hier wird ein Strickstück mit Steppstich, manchmal auch Rückstich genannt, zusammengenäht.

Danach die Ärmel einsetzen. Dabei trifft die Ärmelnaht an die Seitennaht, Ärmelmitte an die Schulternaht.

Der Kettenstich ist durch seine Elastizität zum Zusammennähen ebenso gut geeignet wie der Steppstich.

Wichtig für die Pflege

Das Zusatzzeichen »waschmaschinenfest« unter dem Wollsiegel (siehe unten) bedeutet: in allen Maschinen (bis 30°) waschbar. »Mit Spezialausrüstung filzt nicht«: nur im Woll-Waschgang (bis 30°).

Reinigen mit Perchloräthylen oder Benzin

Nicht dämpfen

Reine Schur-Wolle
Pure New Wool
Pure Laine Vierge

waschmaschinenfest

Waschen nicht über 30° C

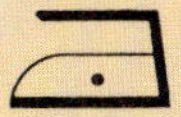

Mit schwacher Einstellung dämpfen (Synthetics)

Mit mittlerer Einstellung dämpfen (Wolle)

Kinderblouson und Twinset

Kinderblouson

Größen
3 bis 13 Jahre
Alle Angaben stehen in dieser Reihenfolge:
a) 3 - **b)** 5 - **c)** 7 - **d)** 9 - **e)** 11 - **f)** 13 Jahre
Körpergröße: **a)** 94 - **b)** 108 - **c)** 120 - **d)** 132 - **e)** 144 - **f)** 156 cm.

Material
Phildar Wolle, Qualität Kadischa. **a)** 150 g, **b)** und **c)** je 200 g, **d)** und **e)** je 250 g, **f)** 300 g in Blanc; **a)** 200 g, **b)** und **c)** je 250 g, **d)** und **e)** je 300 g, **f)** 350 g in Ciel. Je 1 Paar Stricknadeln Nr. 5 und Nr. 6. 1 Maschenfänger.

Bündchenmuster
Abwechselnd 2 M rechts, 2 M links.

Grundmuster
Glatt rechts.

Maschenprobe
Glatt rechts mit Nadeln Nr. 6: 13 M und 19 R = 10 x 10 cm. Von links leicht dämpfen.

Arbeitsanleitung

Rücken

a) 44 - **b)** 48 - **c)** 50 - **d)** 52 - **e)** 54 - **f)** 58 M mit Nadeln Nr. 5 in Ciel anschlagen und 4 cm im Bündchenmuster stricken, dabei beiderseits **a), b) d)** 3 M glatt rechts - **c), e), f)** 2 M glatt rechts arbeiten. Mit Nadeln Nr. 6 glatt rechts weiter, dabei **a), d), e)** in der 1. R 1 M zunehmen. Gerade hochstricken.

In **a)** 17 - **b)** 19 - **c)** 21 - **d)** 23 - **e)** 25 - **f)** 27 cm Höhe **ab glatt rechts** die Streifen wie folgt stricken: 4 R in Blanc, 2 R in Ciel, 4 R in Blanc, 2 R in Ciel und dann in Blanc weiter.

Inzwischen: 2 cm höher für den Raglan beiderseits für alle Größen 1 x 3 M und jede 4. R: 2 x 1 M abketten, dann jede 2. R: **a)** 11 x 1 M - **b)** 12 x 1 M - **c)** 13 x 1 M - **d)** 14 x 1 M - **e)** 15 x 1 M - **f)** 16 x 1 M abketten. Die restlichen **a)** 13 - **b), c)** 14 - **d), e,** 15 - **f)** 16 M auf einmal abketten.

Vorderteil

a), b) 20 - **c)** 21 - **d)** 24 - **e), f)** 25 M mit Nadeln Nr. 5 in Ciel anschlagen und 4 cm im Bündchenmuster stricken, dabei beiderseits 1 M glatt rechts arbeiten.

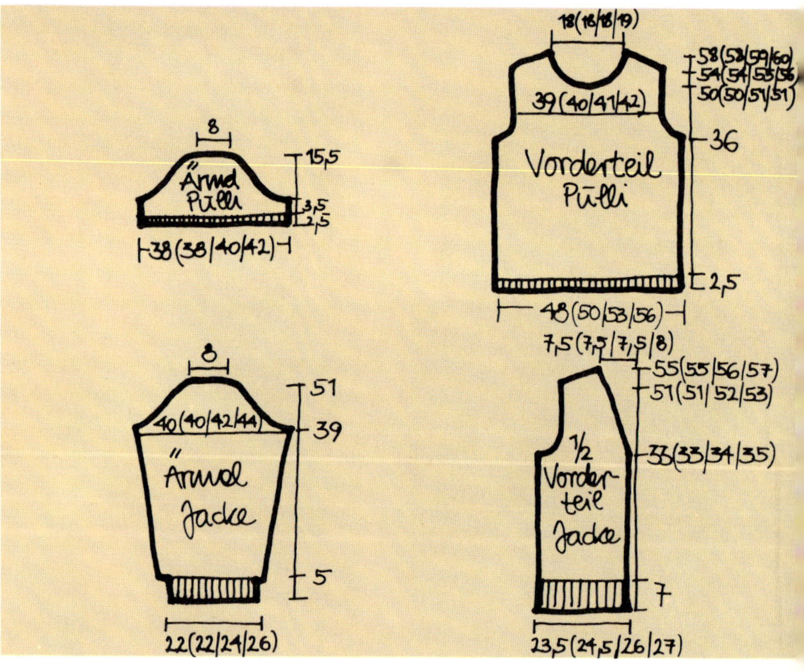

Mit Nadeln Nr. 6 glatt rechts gerade hochstricken, dabei **b), c), f)** 1 M zunehmen.
In **a)** 17 - **b)** 19 - **c)** 21 - **d)** 23 - **e)** 25 - **f)** 27 cm Höhe **ab glatt rechts** die Streifen wie beim Rücken stricken.
Inzwischen: 2 cm höher für den Raglan links für alle Größen 1 x 3 M und jede 4. R: 2 x 1 M, dann jede 2. R: **a)** 10 x 1 M - **b)** 11 x 1 M - **c)** 12 x 1 M - **d)** 13 x 1 M - **e)** 14 x 1 M - **f)** 15 x 1 M abketten.
In **a)** 31 - **b)** 34 - **c)** 37 - **d)** 40 - **e)** 43 - **f)** 46 cm Höhe **ab glatt rechts** für den Halsausschnitt rechts jede 2. R: **a), b), c)** 1 x 2 M und 2 x 1 M - **d), e), f),** 1 x 3 M und 2 x 1 M abketten.
Das 2. Vorderteil gegengleich stricken.

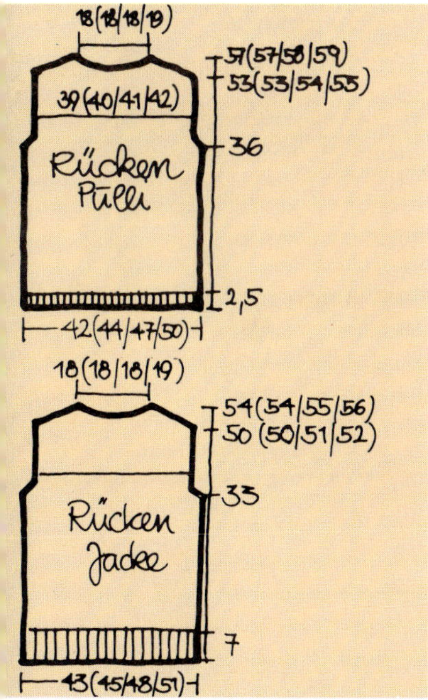

Ärmel
a), b), c) 22 - **d), e)** 26 - **f)** 30 M mit Nadeln Nr. 5 in Ciel anschlagen und 3 cm im Bündchenmuster stricken. Mit Nadeln Nr. 6 glatt rechts weiter, dabei in der 1. R verteilt **a)** 6 - **b)** 9 - **c)** 11 - **d)** 10 - **e)** 12 - **f)** 11 M zunehmen. Man erhält **a)** 28 - **b)** 31 - **c)** 33 - **d)** 36 - **e)** 38 - **f)** 41 M. Beiderseits, 2 M vom Rand entfernt, jede **a)** 7. - **b), c)** 8. - **d)** 9. - **e)** 10. - **f)** 11. R: 5 x 1 M zunehmen. Man erhält **a)** 38 - **b)** 41 - **c)** 43 - **d)** 46 - **e)** 48 - **f)** 51 M. In **a)** 20 - **b)** 22 - **c)** 24 - **d)** 26 - **e)** 28 - **f)** 32 cm Höhe **ab glatt rechts** die Streifen wie folgt stricken: 4 R in Blanc, 2 R in Ciel, 4 R in Blanc, 2 R in Ciel, dann in Blanc weiter.
Inzwischen: 2 cm höher für den Raglan beiderseits 1 x 3 M, dann **a)** jede 4. R: 2 x 1 M und jede 2. R: 10 x 1 M - **b)** jede 4. R: 2 x 1 M und jede 2. R: 11 x 1 M - **c)** jede 4. R: 2 x 1 M und jede 2. R: 12 x 1 M - **d)** jede 4. R: 2 x 1 M und jede 2. R: 13 x 1 M - **e)** jede 4. R: 2 x 1 M und jede 2. R: 14 x 1 M - **f)** jede 4. R: 2 x 1 M und jede 2. R: 15 x 1 M abketten. Dann links 2 R höher 1 x 1 M und rechts jede 2. R: **a)** 1 x 4 M und 1 x 3 M - **b), c)** 2 x 4 M - **d), e)** 1 x 5 M und 1 x 4 M - **f)** 2 x 5 M abketten.
Den 2. Ärmel für den Raglan gegengleich stricken, die kürzere Seite entspricht dem Vorderteil.

Halsblende
a) 40 - **b), c)** 44 - **d), e)** 48 - **f)** 52 M mit Nadeln Nr. 5 in Blanc anschlagen und 6 R im Bündchenmuster stricken, dabei beiderseits 1 M glatt rechts arbeiten. Dann 1 R rechts auf rechts stricken und die M auf 1 Faden oder Maschenfänger stillegen.

Vorderteilblenden
9 M mit Nadeln Nr. 5 in Ciel anschlagen und Rippen 1 rechts/ 1 links stricken, dabei beiderseits 2 M glatt rechts arbeiten.
In **a)** 22 - **b)** 24 - **c)** 26 - **d)** 28 - **e)** 30 - **f)** 32 cm Höhe in Blanc weiter.
In **a)** 37 - **b)** 40 - **c)** 43 - **d)** 46 - **e)** 49 - **f)** 52 cm Höhe die M locker abketten.
Eine 2. Blende genauso stricken, jedoch 4 Knopflöcher über je 3 R einstricken.

Fertigstellung
Die Nähte schließen und die Ärmel einsetzen. Die Halsblende mit Steppstichen rechts annähen und die Vorderteilblenden befestigen.

Twinset

Größen
36 bis 46
Alle Angaben stehen in dieser Reihenfolge:
a) 36 - **b)** 38 - **c)** 42 - **d)** 46
Oberweite: **a)** 84 - **b)** 87 - **c)** 93 - **d)** 99 cm.

Material

Pulli
Phildar Wolle, Qualität Phildar Luxe.
a) und **b)** je 150 g, **c)** 200 g, **d)** 250 g in Ondine; **a)** und **b)** je 100 g, **c)** 150 g, **d)** 200 g in Blanc.

Jacke
Phildar Wolle, Qualität Pegase.
a) und **b)** je 300 g, **c)** 350 g, **d)** 400 g in Ciel; **a)** und **b)** je 250 g, **c)** 300 g, **d)** 350 g in Blanc.
Je 1 Paar Stricknadeln Nr. 2, Nr. 2½, Nr. 3 und Nr. 3½. 1 Maschenfänger, 5 Knöpfe.

Bündchenmuster
Abwechselnd 1 M rechts, 1 M links.

Grundmuster
Glatt rechts.
Streifenfolge: 2 R in Blanc, 2 R in Ondine oder Ciel.

Maschenproben
Glatt rechts gestreift, mit Nadeln Nr. 2½, Qualität Phildar Luxe: 30 M und 40 R = 10 x 10 cm.
Glatt rechts gestreift, mit Nadeln Nr. 3½, Qualität Pegase: 20 M und 29 R = 10 x 10 cm.
Von links leicht dämpfen.

Arbeitsanleitung Pulli

Rücken
a) 126 - **b)** 132 - **c)** 142 - **d)** 150 M

mit Nadeln Nr. 2 in Ondine anschlagen und 2,5 cm im Bündchenmuster stricken.
Mit Nadeln Nr. 2½ glatt rechts gestreift weiter.
In 36 cm Höhe **ab glatt rechts** für die Armausschnitte beiderseits jede 2. R: **a)** 1 x 2 M und 2 x 1 M - **b)** 2 x 2 M und 2 x 1 M - **c)** 1 x 3 M, 2 x 2 M und 3 x 1 M - **d)** 2 x 3 M, 2 x 2 M und 2 x 1 M abketten. Über die restlichen **a)** 118 - **b)** 120 - **c)** 122 - **d)** 126 M gerade hoch weiter.
In **a, b)** 53 - **c)** 54 - **d)** 55 cm Höhe **ab glatt rechts** für die Schulterschräge beiderseits jede 2. R: **a)** 8 x 4 M - **b)** 7 x 4 M und 1 x 5 M - **c), d)** 6 x 4 M und 2 x 5 M abketten.
In **a), b)** 55 - **c)** 56 - **d)** 57 cm Höhe **ab glatt rechts** für den Halsausschnitt die mittleren **a), b) c)** 18 - **d)** 20 M abketten und beide Seiten getrennt beenden.
Auf der Halsseite jede 2. R: **a), b), c)** 3 x 6 M - **d)** 1 x 7 M und 2 x 6 M abketten.
Die andere Seite gegengleich beenden.

Vorderteil
a) 144 - **b)** 150 - **c)** 160 - **d)** 168 M mit Nadeln Nr. 2 in Ondine anschlagen und 2,5 cm im Bündchenmuster stricken.
Mit Nadeln Nr. 2½ glatt rechts gestreift gerade hoch stricken. In 36 cm Höhe **ab glatt rechts** für die Armausschnitte beiderseits jede 2. R: **a)** 1 x 4 M, 1 x 3 M, 2 x 2 M und 2 x 1 M - **b)** 1 x 5 M, 1 x 4 M, 2 x 2 M und 2 x 1 M - **c)** 1 x 5 M, 1 x 4 M, 1 x 3 M, 2 x 2 M und 3 x 1 M - **d)** 1 x 5 M, 1 x 4 M, 1 x 3 M, 3 x 2 M und 3 x 1 M abketten.
Über die restlichen **a)** 118 - **b)** 120 - **c)** 122 - **d)** 126 M gerade hoch weiter. In **a), b)** 50 - **c), d)** 51 cm Höhe **ab glatt rechts** für den Halsausschnitt die mittleren **a), b), c)** 16 - **d)** 18 M abketten und beide Seiten getrennt beenden. An der Halsseite jede 2 R: **a), b), c)** 1 x 4 M., 4 x 2 M und 7 x 1 M - **d)** 1 x 4 M, 1 x 3 M, 3 x 2 M und 7 x 1 M abketten.
In **a), b)** 54 - **c)** 55 - **d)** 56 cm Höhe **ab glatt rechts** die Schulter auf der Armseite wie beim Rücken schrägen.
Die andere Seite gegengleich beenden.

Ärmel
a), b) 114 - **c)** 120 - **d)** 126 M mit Nadeln Nr. 2 in Ondine anschlagen und 2,5 cm im Bündchenmuster stricken.
Mit Nadeln Nr. 2½ glatt rechts gestreift weiter.
In 3,5 cm Höhe **ab glatt rechts** für die Armkugel beiderseits jede 2. R: **a), b)** 1 x 3 M, 16 x 2 M, 5 x 1 M, 1 x 2 M und 1 x 3 M - **c)** 1 x 3 M, 19 x 2 M, 2 x 1 M, 1 x 2 M und 1 x 3 M - **d)** 1 x 3 M, 20 x 2 M, 1 x 2 M und 1 x 3 M abketten. Die restlichen 24 M auf einmal abketten.
Den 2. Ärmel genauso stricken.

Halsblende
a), b), c) 150 - **d)** 158 M mit Nadeln Nr. 2 in Ondine anschlagen und

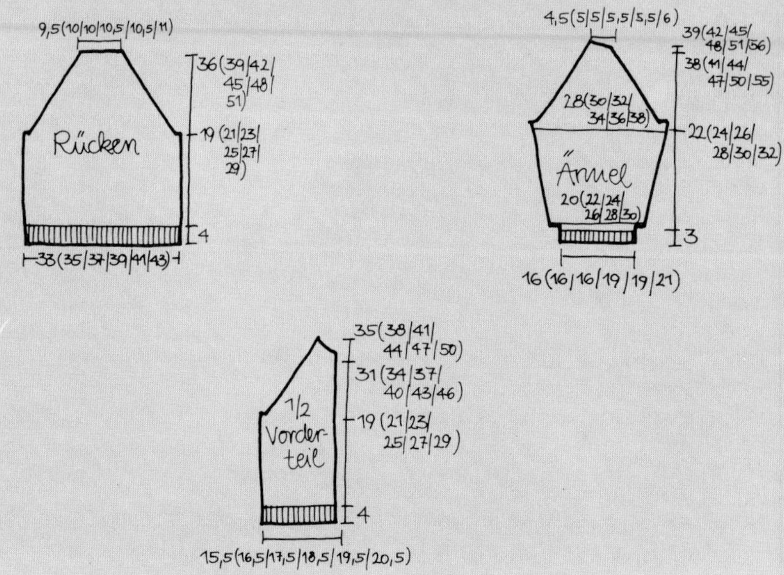

2,5 cm im Bündchenmuster stricken, dann 1 R rechts auf rechts und die M auf 1 Faden oder Maschenfänger stillegen.

Fertigstellung
Die Nähte schließen und die Ärmel einsetzen. Die Halsblende M um M mit Steppstichen rechts annähen und die Nähte leicht überbügeln.

Arbeitsanleitung Jacke

Rücken
a) 89 - **b)** 93 - **c)** 99 - **d)** 105 M mit Nadeln Nr. 3 in Ciel anschlagen und 7 cm im Bündchenmuster stricken, dabei beiderseits 1 M glatt links arbeiten.
Mit Nadeln Nr. 3½ glatt rechts gestreift gerade hoch stricken. In 33 cm Höhe **ab glatt rechts** für die Armausschnitte beiderseits jede 2. R:
a) 2 x 2 M und 1 x 1 M - **b)** 2 x 2 M und 2 x 1 M - **c)** 1 x 3 M, 1 x 2 M und 3 x 1 M - **d)** 1 x 3 M, 2 x 2 M und 3 x 1 M abketten. Über die restlichen **a)** 79 - **b)** 81 - **c)** 83 - **d)** 85 M gerade hoch weiter.
In **a), b)** 50 - **c)** 51 - **d)** 52 cm Höhe **ab glatt rechts** für die Schulterschräge beiderseits jede 2. R: **a)** 3 x 3 M und 3 x 4 - **b)** 2 x 3 M und 4 x 4 M - **c), d)** 1 x 3 M und 5 x 4 M abketten.

In **a), b),** 52 - **c)** 53 - **d)** 54 cm Höhe **ab glatt rechts** für den Halsausschnitt die mittleren **a), b), c)** 13 - **d)** 15 M abketten und beide Seiten getrennt beenden. Auf der Halsseite jede 2. R: 2 x 6 M abketten.
Die andere Seite gegengleich beenden.

Vorderteil
a) 49 - **b)** 51 - **c)** 53 - **d)** 57 M mit Nadeln Nr. 3 in Ciel anschlagen und 7 cm im Bündchenmuster stricken, dabei rechts 1 M glatt rechts arbeiten.
Mit Nadeln Nr. 3½ glatt rechts gestreift gerade hoch stricken. In 33 cm Höhe **ab glatt rechts** für den Armausschnitt links jede 2. R: **a)** 2 x 3 M, 2 x 2 M und 2 x 1 M - **b)** 1 x 4 M, 1 x 3 M, 2 x 2 M und 2 x 1 M - **c)** 1 x 4 M, 1 x 3 M, 2 x 2 M und 3 x 1 M - **d)** 1 x 4 M, 2 x 3 M, 2 x 2 M und 2 x 1 M abketten.
In **a), b)** 33 - **c)** 34 - **d)** 33 cm Höhe **ab glatt rechts** für den Halsausschnitt rechts 1 x 1 M, dann **a), b), c),** jede 4. R: 15 x 1 M - **d)** jede 3. R: 2 x 1 M und jede 4. R: 15 x 1 M abnehmen. In **a), b)** 51 - **c)** 52 - **d)** 53 cm Höhe **ab glatt rechts** die Schulter links wie beim Rücken schrägen. Das 2. Vorderteil gegengleich stricken.

Ärmel
a), b) 46 - **c)** 50 - **d)** 54 M mit Nadeln Nr. 3 in Ciel anschlagen und 5 cm im Bündchenmuster stricken.
Mit Nadeln Nr. 3½ glatt rechts gestreift weiter, dabei in der 1. R verteilt 8 M zunehmen. Man erhält **a), b)** 54 - **c)** 58 - **d)** 62 M. Beiderseits jede 8. R: 12 x 1 M und jede 6. R: 2 x 1 M zunehmen. Man erhält **a), b)** 82 - **c)** 86 - **d)** 90 M. In 39 cm Höhe **ab glatt rechts** für die Armkugel beiderseits jede 2. R: **a), b)** 1 x 3 M, 10 x 2 M, 5 x 1 M, 1 x 2 M und 1 x 3 M - **c)** 1 x 3 M, 12 x 2 M, 3 x 1 M, 1 x 2 M und 1 x 3 M - **d)** 1 x 3 M, 14 x 2 M, 1 x 1 M, 1 x 2 M und 1 x 3 M abketten.
Die restlichen 16 M auf einmal abketten. Den 2. Ärmel genauso stricken.

Arbeitsanleitung Verschlußblende

Maschenprobe
1 rechts/1 links mit Nadeln Nr. 2½: 28 R = 10 cm.
13 M mit Nadeln Nr. 2½ in Ciel anschlagen und 1 rechts/1links stricken, dabei beiderseits 2 M glatt rechts arbeiten. In der 8. R 1 Knopfloch über 3 R arbeiten, dafür zuerst 3 R über 7 M, dann 3 R über 6 M stricken und dann über alle M weiter.
4 weitere Knopflöcher im Abstand von je 22 R arbeiten.
In **a), b)** 148 - **c)** 150 - **d)** 153 cm Höhe die M locker abketten.

Fertigstellung
Die Nähte schließen und die Ärmel einsetzen. Die Verschlußblende und die Knöpfe annähen und die Nähte leicht überbügeln.

Register

Technik

Modelle

Bezugs- und Fotonachweis

Besonderen Dank sagen wir folgenden Firmen für Bildvorlagen und Beratung bei den Strickanleitungen:

Wollspinnerei Busse, Nördlingen: 55
Garnimport Ernst, Renningen (H.E.C.-Wolle und Tiber Wolle): 77, 87, 103
Kammgarnspinnerei Gebr. Stahl KG, Süssen: 27
Phildar Wolle, Wiesbaden: 59, 62, 117
Wagenfelder Spinnereien, Wagenfeld: 21, 48, 92, 109
Württembergische Wollgarnfabrik, Süssen (Staufen Wolle): 15

Aufnahmen ohne Bildnachweis: Bildstelle Orbis, München

Phantastisch. Praktisch Preiswert. Das große farbige Buch über den Strickfavoriten Pullover.

Die Dicken, Warmen für den Winter.
Die Strapazierfähigen zum Wandern, Radfahren und Bergsteigen.
Die Sportlichen zum Segeln, Reiten und Tennisspielen.
Die Evergreens für Schule und Büro.
Die Leichten, Kühlen für Sommertage und frische Brisen.
Die Eleganten, Glitzernden zum Flanieren und für festliche Stunden.

Alle Modelle, Arbeitsanleitungen und Schnittvorlagen dieses Buches wurden von renommierten deutschen Wollfirmen zur Verfügung gestellt. Jedes der etwa achtzig Modelle für Damen-, Herren- und Kinderpullover ist von einer genauen Beschreibung des Materials und der Technik begleitet und ist farbig abgebildet. Außerdem informiert das Buch über Wollqualität, neukreierte Wollfarben und modische Farbkombinationen.

192 Seiten mit durchgehend vierfarbigen Fotos
Großformat: 21,0 x 28,0 cm

Pullover
stricken
Mosaik Verlag

Text- und Bildredaktion: Hilschmann, München
Gestaltung: Hubert K. Hepfinger, München

Einbandgestaltung: Heidrun Nawrot
Einbandfoto: Gerhard Beyer, München

Satz: Fotosatz Skazel GmbH, München
Gesamtherstellung Mohndruck, Graphische Betriebe GmbH, Gütersloh
Printed in Germany ·

ISBN 3-570-01042-2